Iadul

Dr. Jaerock Lee

1 Sângele care curge de la nenumărate suflete nemântuite care sunt torturate formează un râu mare.

2 Mesagerii iadului cu o înfățișare hidoasă au fețe asemănătoare fețelor umane sau fețe asemănătoare animalelor urâte și necurate.

3 Pe marginile râului de sânge sunt mulți copiii torturați începând de la 6 ani până aproape de vârsta adolescenței. În funcție de gravitatea păcatelor lor, trupurile lor sunt îngropate din ce în ce mai adânc în nămolul de lângă râul de sânge și din ce în ce mai aproape de râu.

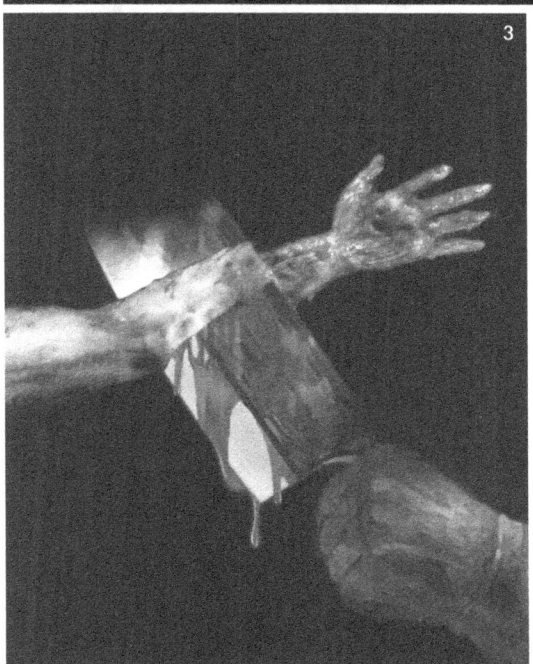

1 Apa murdară cu miros greu este plină de nenumărate insecte înfiorătoare care muşcă sufletele aflate în această apă. Insectele le intră în trup prin abdomen.

2,3 Un mesager al iadului, cu o înfăţişare grotească şi înfricoşătoare în formă de porc, pregăteşte instrumentele, de la un pumnal mic la o secure, necesare pentru tortură. Mesagerul iadului taie în bucăţi trupul unui suflet care este legat de un copac.

Un vas, care emană o duhoare insuportabilă, este plin cu lichid fierbinte, care clocotește. Sufletele condamnate, care au fost soț și soție pe pământ, sunt băgate pe rând în vas. Când unul dintre suflete este torturat, celălalt cere ca pedeapsa acestuia să țină cât mai mult.

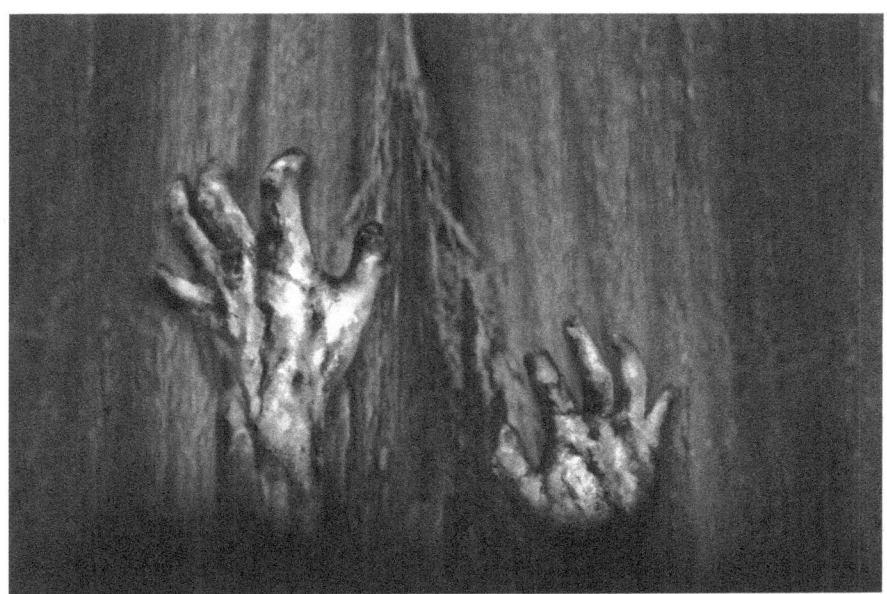

Cu gurile deschise şi arătându-şi dinţii, nenumărate insecte urmăresc sufletele care se caţără pe stâncă. Sufletele îngrozite sunt acoperite imediat de aceste insecte şi cad la pământ.

Nenumărate capete negre, cadaverice, ale celor care l-au urmat pe cel care s-a împotrivit lui Dumnezeu îl muşcă puternic pe acest răzvrătit cu dinţi lor ascuţiţi. Tortura este mai dureroasă decât dacă ar fi muşcat de insecte sau sfâşiat de fiare.

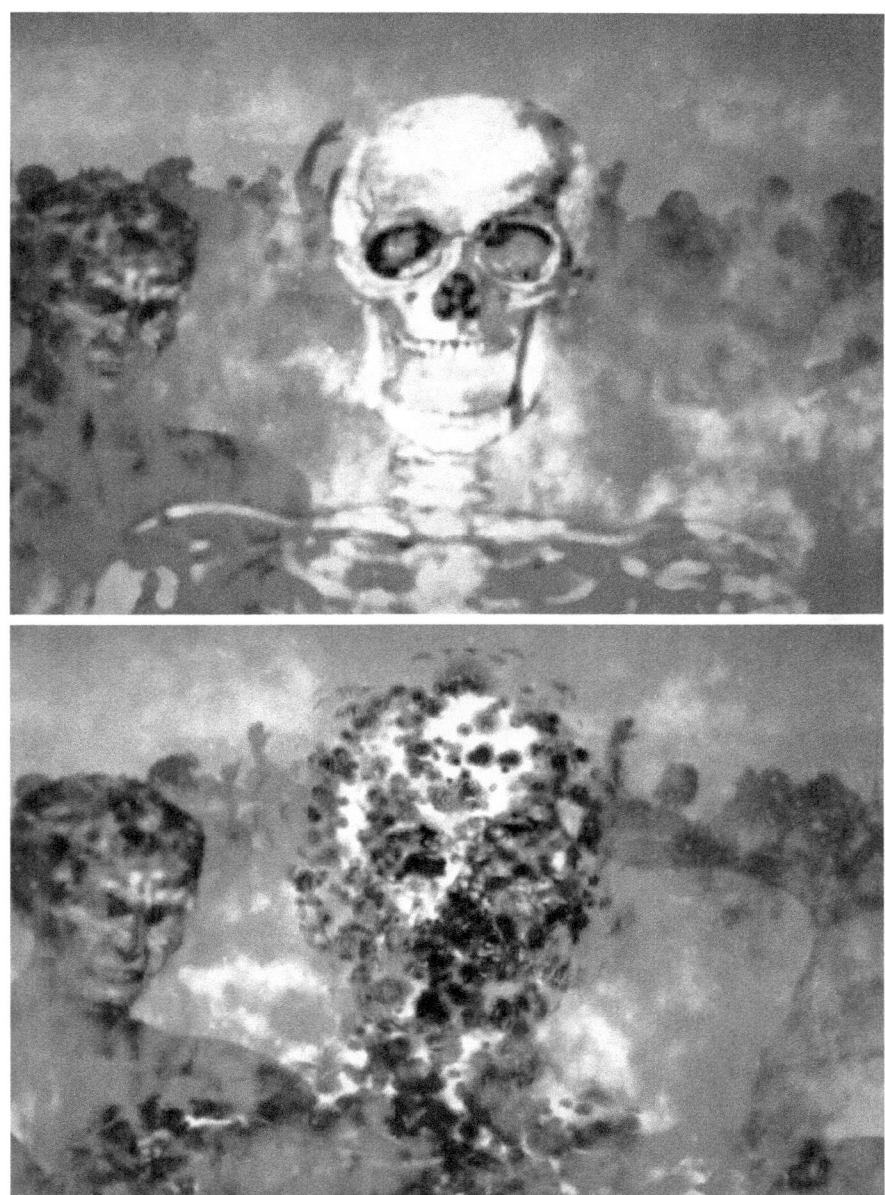

Sufletele care sunt aruncate în iazul de foc sar de durere sau strigă din răsputeri. Ochii strălucitori le devin injectați, iar creierul li se sparge și țâșnesc lichidele.

Dacă cineva ar bea fier topit dintr-un furnal, organele interne i s-ar topi. Sufletele aruncate în iazul de pucioasă nu pot nici să se tânguiască, nici să gândească fiind copleşite de durere.

Cu vremea săracul a murit; şi a fost dus de îngeri în sînul lui Avraam.
A murit şi bogatul, şi l-au îngropat.
Pe cînd era el în Locuinţa morţilor, în chinuri,
şi -a ridicat ochii în sus, a văzut de departe pe Avraam,
şi pe Lazăr în sînul lui, şi a strigat:
,Părinte Avraame, fie-ţi milă de mine,
şi trimete pe Lazăr să-şi moaie vîrful degetului în apă,
şi să-mi răcorească limba;
căci grozav sînt chinuit în văpaia aceasta.'
Fiule, i -a răspuns Avraam, adu-ţi aminte că,
în viaţa ta, tu ţi-ai luat lucrurile bune,
şi Lazăr şi -a luat pe cele rele; acum aici, el este mîngîiat,
iar tu eşti chinuit. Pe lîngă toate acestea,
între noi şi între voi este o prăpastie mare,
aşa ca cei ce ar avea să treacă de aici la voi,
sau de acolo la noi, să nu poată.
Bogatul a zis: ,Rogu-te dar, părinte Avraame,
să trimeţi pe Lazăr în casa tatălui meu;
căci am cinci fraţi, şi să le adeverească aceste lucruri,
ca să nu vină şi ei în acest loc de chin.'
Avraam a răspuns: ,Au pe Moise şi pe prooroci;
să asculte de ei.' ,Nu, părinte Avraame',
a zis el; ,ci dacă se va duce la ei cineva din morţi,
se vor pocăi.' Şi Avraam i -a răspuns:
,Dacă nu ascultă pe Moise şi pe prooroci,
nu vor crede nici chiar dacă ar învia cineva din morţi.'

Luca 16: 22:-31

Iadul

[În iad] unde viermele lor nu moare și focul nu se stinge. Pentru că fiecare om va fi sărat cu foc, și orice jertfă va fi sărată cu sare.
(Marcu 9:48-49)

Iadul

Dr. Jaerock Lee

Iadul de Dr. Jaerock Lee
Publicat de către editura Urim Books (Reprezentant: Kyungtae Noh)
73, Yeouidaebang-ro 22-gil, Dongjak-gu, Seul, Coreea
www.urimbooks.com

Toate drepturile rezervate. Această carte, sau o parte din ea, nu poate fi reprodusă sub nicio formă, păstrată într-un sistem de regăsire a informațiilor sau transmisă în vreo formă, fie electronică, mecanică, prin fotocopiere sau prin înregistrare fără acceptul prealabil, în scris, al editurii.

Citatele bilice au fost extrase din versiunea Dumitru Cornilescu și Biblia Fidela.

Drepturi de autor pentru traducere © 2017 dr. Jaerock Lee.
ISBN: 979-11-263-0202-4 03230
Drepturile de autor pentru traducerea în engleză © 2014 dr. Esther K. Chung. Material folosit cu permisiune.

Publicată anterior în limba coreeană de către editura Urim Books în 2002.

Prima ediție apărută în ianuarie 2017

Editor dr. Geumsun Vin
Designul executat de către editura Urim Books
Tiparul executat de Prione Printing
Pentru informații suplimentare contactați-ne la: urimbook@hotmail.com

Prefață

În speranța că această carte va fi ca pâinea vieții care duce nenumărate suflete în Cerul frumos, prin faptul că îi ajută să înțeleagă dragostea lui Dumnezeu, care dorește ca toți oamenii să primescă mântuirea...

În ziua de azi, când oamenii aud despre Cer și iad, majoritatea răspund negativ spunând: „Cum pot să cred asemenea lucruri când suntem în era civilizației atât de avansate din punct de vedere științific?", „Ați fost vreodată în Cer sau în iad?" sau „Putem cunoaște astfel de lucruri doar după ce murim."

Trebuie să știți dinainte că există viață după moarte. Va fi prea târziu să aflați acest lucru când vă dați ultima suflare. După ce vă stingeți din viață, nu veți avea o a doua șansă pentru a vă trăi viața din nou. Acolo vă așteaptă doar judecata lui Dumnezeu prin care veți secera ceea ce ați semănat pe acest pământ.

Prin Biblie, Dumnezeu ne-a descoperit calea spre mântuire,

Iadul

existența Cerului și iadului, precum și lucruri cu privire la judecata care va avea loc după Cuvântul lui Dumnezeu. Prin mulți profeți din Vechiul Testament și prin Isus, Dumnezeu a demonstrat lucrările minunate ale puterii Sale.

Chiar și în zilele noastre, Dumnezeu ne arată că El este viu și că Biblia este adevărată prin semne, minuni și alte lucrări minunate ale puterii Sale precum cele consemnate în Biblie prin cei mai devotați și credincioși slujitori ai Săi. În ciuda multitudinii de dovezi ale lucrărilor lui Dumnezeu sunt, totuși, oameni care nu le cred. Cu toate acestea, Dumnezeu a vorbit copiilor Săi despre Cer și iad și i-a încurajat să mărturisească și altor oameni de pe tot pământul.

Dumnezeul dragostei mi-a revelat și mie detalii despre Cer și m-a îndemnat să vestesc mesajul pe tot globul fiindcă a doua venire a Domnului este foarte aproape.

Când am vorbit despre scenele groznice și revoltătoare din mormântul de jos, care aparține iadului, am văzut cum o mare parte din cei din biserica mea erau cuprinși de fiori și izbucneau în lacrimi pentru sufletele care primesc pedepsele groznice și înspăimântătoare din mormântul de jos.

Sufletele nemântuite rămân în mormântul de jos până la judecata dinaintea tronului mare și alb. După judecată, sufletele nemântuite merg fie în iazul de foc, fie în cel de pucioasă. Pedepsele din iazul de foc sau din cel de pucioasă sunt mult mai dure decât cele din mormântul de jos.

Am scris ceea ce mi-a arătat Dumnezeu prin Duhul Sfânt și se bazează pe Cuvântul lui Dumnezeu din Biblie. Această carte poate fi considerată un mesaj de dragoste sinceră din partea lui Dumnezeu Tatăl, care doreşte să mântuiască din păcat pe cât mai mulţi oameni posibil, spunându-le dinainte despre suferinţele fără sfârşit din iad.

Dumnezeu Şi-a dat propriul Său Fiu să moară pe cruce pentru a mântui pe toţi oamenii. El doreşte ca niciun suflet să nu ajungă în iadul cumplit. Dumnezeu consideră un suflet mai valoros decât lumea întreagă, de aceea se bucură foarte mult şi sărbătoreşte cu oastea cerească şi îngerii când un om este mântuit prin credinţă.

Lui Dumnezeu I se cuvine toată slava şi mulţumirea pentru că mi-a îngăduit să public această carte. Sper că veţi ajunge să înţelegeţi inima lui Dumnezeu, care doreşte să nu piardă nici măcar un suflet în iad, şi că veţi ajunge să aveţi o credinţă adevărată. Vă îndemn, de asemenea, să vestiţi Evanghelia la toate sufletele care se îndreaptă spre iad.

Îi mulţumesc pe această cale biroului editorial Urim Books şi personalului acestuia, precum şi doamnei Geumsun Vin, directoarea biroului, pentru munca depusă la publicarea acestei cărţi. Sper ca toţi cititorii să realizeze că există viaţă veşnică şi judecată după moarte şi să primească mântuirea.

Jaerock Lee

Cuvânt înainte

Mă rog ca nenumărate suflete să înţeleagă ce cumplit este iadul, să se pocăiască, să se întoarcă de pe calea pierzării şi să fie mîntuiţi...

Duhul Sfânt i-a revelat pastorului principal al bisericii Manmin Central Church, dr. Jaerock Lee, mai multe lucruri legate de viaţa după moarte şi de iadul cel înfricoşător. Am compilat mesajele sale şi acum publicăm cartea Iadul în speranţa ca mulţi oameni să afle adevărul despre iad, aşa cum este el prezentat cu claritate şi acurateţe. Lui Dumnezeu I se cuvine toată slava şi recunoştinţa.

În zilele noastre, mulţi oameni sunt curioşi să ştie mai multe lucruri despre viaţa după moarte, dar este foarte greu să găsim răspunsuri datorită capacităţii noastre limitate. Această carte este o descriere intensă şi detaliată a iadului, care ne-a fost descris parţial în Biblie. Cartea Iadul conţine nouă capitole.

Cuvânt înainte

Capitolul 1, „Cerul și iadul există cu adevărat?" prezintă în mare Cerul și iadul. Cu ajutorul pildei bogatului și săracului Lazăr din Luca 16, sunt descrise mormântul de sus – unde așteaptă sufletele mântuite din Vechiul Testament – și mormântul de jos – unde sunt chinuite sufletele nemântuite până la ziua judecății.

În capitolul 2, „Cum sunt mântuiți cei care nu au auzit niciodată Evanghelia," este luată în discuție judecata cugetului. Sunt prezentate, de asemenea, criteriile de judecată pentru multe cazuri particulare cum ar fi: feții ajunși acolo datorită pierderii sarcinii sau avorturilor, copiii până la cinci ani și copiii de la șase ani până la pubertate.

Capitolul 3 „Mormântul de jos și identitatea mesagerilor iadului" descrie locul de așteptare din Mormântul de jos. După moarte, oamenii stau trei zile în locul de așteptare, după care sunt trimiși în locuri diferite din Mormântul de jos, în funcție de severitatea păcatelor pe care le-au făcut, locuri în care sunt chinuiți nemilos până la judecata dinaintea tronului alb. Tot aici este prezentată și identitatea duhurilor rele din mormântul de jos.

Capitolul 4 „Pedepsele din mormântul de jos pentru copiii nemântuiți" vorbește despre faptul că unii copii imaturi, care nu pot discerne binele de rău, nu vor fi mântuiți. Diferitele metode de pedeapsă aplicate copiilor sunt împărțite după grupul de vârstă: pedepse pentru feți și sugari, copii până la doi ani, copii de la trei la cinci ani și copii de la șase la doisprezece ani.

Capitolul 5 „Pedepsele primite de cei care mor după vârsta

pubertății," descrie pedepsele date tinerilor trecuți de vârsta pubertății. Pedepsele primite de tinerii mai mari de treisprezece ani sunt împărțite în patru niveluri după severitatea păcatelor comise. Cu cât păcatele au fost mai grave, cu atât pedepsele sunt mai severe.

Capitolul 6, „Pedepsele primite pentru hula împotriva Duhului Sfânt," reamintește cititorilor că, după cum este menționat și în Biblie, există anumite păcate care nu pot fi iertate și de care oamenii nu se pot pocăi. Prin exemple concrete și detaliate, capitolul descrie, de asemenea, diferitele pedepse primite.

Capitolul 7, „Cum se primește mântuirea în timpul Necazului cel mare," ne avertizează că trăim la sfârșitul veacurilor și că venirea Domnului este foarte aproape. Capitolul explică în detaliu ce se va întâmpla la venirea Domnului și faptul că oamenii rămași în timpul Necazului cel mare pot primi mântuirea doar prin martiraj. De asemenea, îndeamnă cititorii să se pregătească ca mireasă frumoasă a Domnului Isus Cristos ca să participe la Ospățul de șapte ani și să nu ajungă să fie lasați în urmă după răpire.

Capitolul 8, „Pedepsele din iad după judecata cea mare," descrie judecata de la sfârșitul celor o mie de ani, modul în care vor fi mutate sufletele aflate în mormântul de jos în iad, diferitele pedepse pe care aceștia le vor suferi și destinul duhurilor rele precum și pedepsele lor.

Capitoul 9, „De ce a trebuit ca Dumnezeul dragostei să pregătească iadul?" prezintă dragostea nemărginită a lui

Cuvânt înainte

Dumnezeu care se revarsă din belşug şi care a fost demonstrată prin jertfirea singurului Său Fiu. Acest ultim capitol explică de ce Dumnezeul dragostei a trebuit să facă iadul.

Iadul ne încurajează, de asemenea, să înţelegem dragostea lui Dumnezeu care doreşte ca toţi oamenii să primească mântuirea şi să rămână treji în credinţă. Cartea *Iadul* se încheie îndemnând cititorul să aducă cât de multe suflete posibil la mântuire.

Dumnezeu, plin de milă şi îndurare, este dragostea Însăşi. În zilele noastre, cu aceeaşi inimă pe care a avut-o tatăl ce aştepta întoarcerea fiului său risipitor, Dumnezeu aşteaptă cu ardoare ca toate sufletele să se lepede de păcate şi să primească mântuirea.

Prin urmare, doresc din toată inima ca nenumărate suflete din toată lumea să înţeleagă şi să şi dea seama că acest iad îngrozitor există cu adevărat şi să se întoarcă la Dumnezeu cât mai repede. Mă rog în numele lui Isus Cristos ca toţi credincioşii în Domnul să rămână treji, să vegheze şi să ducă cât de multe suflete pot în Cer.

Geumsun Vin
Directoarea Biroului editorial

Cuprins

Prefață

Cuvânt înainte

Capitolul 1 –

Cerul și iadul există cu adevărat? • 1

1. Cerul și iadul sunt o realitate
2. Pilda bogatului și a săracului Lazăr
3. Structura Cerului și a iadului
4. Mormântul de sus și Paradisul
5. Mormântul de jos, un loc de așteptare în drum spre iad

Capitolul 2 –

Cum sunt mântuiți cei care nu au auzit niciodată Evanghelia • 25

1. Judecata cugetului
2. Bebeluși nenăscuți proveniți din avort sau pierdere de sarcină
3. Nou născuții și copiii sub cinci ani
4. Copiii cu vârsta cuprinsă între șase și doisprezece ani
5. Au fost Adam și Eva mântuiți?
6. Ce s-a întâmplat cu primul ucigaș, Cain?

Capitolul 3 –

Mormântul de jos şi identitatea mesagerilor iadului • 59

1. Mesagerii iadului duc oameni în mormântul de jos
2. Un loc de aşteptare în drum spre lumea duhurilor rele
3. Pedepsele diferite din mormântul de jos pentru felurite păcate
4. Lucifer stăpâneşte peste mormântul de jos
5. Identitatea mesagerilor iadului

Capitolul 4 –

Pedepsele din mormântul de jos pentru copiii nemântuiţi • 77

1. Fetuşii şi sugarii
2. Copilaşii de doi, trei ani
3. Copiii care pot merge şi vorbi
4. Copiii de la şase la doisprezece ani
5. Băieţaşii care şi-au bătut joc de profetul Elisei

Capitolul 5 –

Pedepsele primite de cei care mor după vârsta pubertății • 95

1. Primul nivel de pedepse
2. Al doilea nivel de pedepse
3. Pedeapsa lui Faraon
4. Al treilea nivel de pedepse
5. Pedeapsa primită de Pilat din Pont
6. Pedeapsa primită de Saul, primul împărat al lui Israel
7. Al patrulea nivel de pedepse primite de Iuda Iscarioteanul

Capitolul 6 –

Pedepsele primite pentru hula împotriva Duhului Sfânt • 139

1. Torturați într-un vas cu lichid fierbinte
2. Urcând pe o stâncă perpendiculară
3. Gura este arsă cu un fier încins
4. Mașinării de tortură imense
5. Legat de trunchiul unui copac

Capitolul 7 –

Cum se primeşte mântuirea în timpul Necazului cel mare • 169

1. Venirea Domnului şi răpirea
2. Cei şapte ani ai Necazului cel mare
3. Martirajul în timpul Necazului cel mare
4. A doua venire a lui Cristos şi cei o mie de ani
5. Pregătirea ca mireasă a Domnului

Capitolul 8 –

Pedepsele din iad după judecata cea mare • 193

1. Sufletele nemântuite ajung în iad după judecată
2. Iazul de foc şi iazul de pucioasă
3. Unii rămân în mormântul de jos chiar şi după judecată
4. Duhurile rele vor fi închise în Adânc
5. Unde vor ajunge demonii?

Capitolul 9 –

De ce a trebuit ca Dumnezeul dragostei să pregătească iadul? • 227

1. Răbdarea şi dragostea lui Dumnezeu
2. De ce a trebuit ca Dumnezeul dragostei să pregătească iadul?
3. Dumnezeu doreşte ca toţi oamenii să fie mântuiţi
4. Vestiţi Evanghelia cu îndrăzneală

Capitolul 1

Cerul și iadul există cu adevărat?

1. Cerul și iadul sunt o realitate
2. Pilda bogatului și a săracului Lazăr
3. Structura Cerului și a iadului
4. Mormântul de sus și Paradisul
5. Mormântul de jos, un loc de așteptare în drum spre iad

Isus le-a răspuns:
„Pentrucă vouă v'a fost dat
să cunoașteți tainele Împărăției cerurilor,
iar lor nu le-a fost dat."
- Matei 13:11 -

Și dacă ochiul tău te face să cazi în păcat,
scoate-l; este mai bine pentru tine să intri
în Împărăția lui Dumnezeu numai cu un ochi,
decît să ai doi ochi și să fii aruncat
în focul gheenei.
- Marcu 9:47 -

Cei mai mulți oameni se tem de moarte și trăiesc în neliniște, înspăimântați fiind la gândul că-și pot pierde viața. Cu toate acestea, nu Îl caută pe Dumnezeu deoarece nu cred în viața de apoi. În plus, mulți dintre cei care spun că au credință în Cristos nu par a reuși să trăiască prin credință. Din cauza lipsei de înțelepciune, oamenii se îndoiesc și nu cred în viața de după moarte, chiar dacă Dumnezeu ne-a vorbit deja în Biblie despre viața de apoi, Cer și iad.

Viața de apoi aparține unei lumi spirituale nevăzute. Astfel, oamenii nu pot înțelege acest lucru decât dacă Dumnezeu le îngăduie. După cum Biblia menționează în repetate rânduri, Cerul și iadul există. Din acest motiv, Dumnezeu descoperă multor oameni din lumea întreagă lucruri despre Cer și iad și îi trimite să le vestească în cele patru colțuri ale lumii.

„Cerul și iadul sunt o realitate."

„Cerul este un loc minunat și fascinant, în timp ce iadul este un loc atât de îngrozitor și de cumplit încât depășește imaginația omenească. Vă încurajez cu tărie să credeți în existența vieții de după moarte."

„De voi depinde dacă veți merge în Cer sau în iad. Pentru a nu fi aruncați în iad, trebuie să vă pocăiți imediat de toate păcatele și să Îl acceptați pe Isus Cristos."

„Iadul este o realitate. Este locul în care oamenii sunt pedepsiți cu foc o veșnicie întreagă. De asemenea, și Cerul este o realitate. Cerul poate deveni locuința voastră permanentă."

Dumnezeul dragostei mi-a dezvăluit tainele Cerului încă din mai, 1984. Apoi, a început să îmi arate lucrurile din iad începând din martie, 2000. Mi-a cerut să vestesc lumii întregi ceea ce am învățat despre Cer și iad pentru ca niciunul să nu fie aruncat în iazul de foc sau în cel de pucioasă.

Odată, Dumnezeu mi-a arătat un suflet care suferea și se tânguia cu căință în mormântul de jos, unde toți cei destinați iadului așteaptă în agonie. Omul respectiv a refuzat să Îl accepte pe Domnul în viața sa cu toate că auzise de multe ori mesajul Evangheliei și, după ce a murit, a fost trimis în iad. Mai jos, este redată mărturia lui:

Număr zilele.
Număr, număr și tot număr, dar nu ajung la
capăt.
Ar fi trebuit să Îl primesc pe Isus Cristos
când oamenii îmi vorbeau despre El.
Ce mai pot face acum?

Nu îmi este de niciun folos faptul că mă căiesc
acum.
Nu știu ce să fac.
Vreau să scap de această suferință
dar nu știu ce să fac.

Număr zilele, una, două, trei.
Dar şi de număr astfel zilele,
ştiu că nu mă ajută cu nimic.
Inima mi se frânge.
Ce să fac? Ce să fac?
Cum pot să scap de aceast chin?
Ce să fac, o, sărmanul meu suflet?
Cum o să rezist?

1. Cerul şi iadul sunt o realitate

Evrei 9:27 spune că *„oamenilor le este rânduit să moară o singură dată, iar după aceea vine judecata."* Toţi, femei şi bărbaţi deopotrivă, sunt meniţi să moară şi, după ce îşi dau ultima suflare şi vor fi judecaţi, vor intra fie în Cer, fie în iad.

Dumnezeu este dragoste şi de aceea vrea ca toţi oamenii să intre în Cer. El L-a pregătit pe Isus Cristos încă dinainte de întemeierea lumii şi, la vremea hotărâtă, a deschis calea spre mântuirea omenirii. Dumnezeu doreşte ca niciun om să nu fie aruncat în iad.

Romani 5:7-8 ne spune: *„Pentru un om neprihănit cu greu ar muri cineva; dar pentru binefăcătorul lui, poate că s-ar găsi cineva să moară. Dar Dumnezeu Îşi arată dragostea faţă de noi prin faptul că, pe când eram noi încă păcătoşi, Hristos a murit pentru noi."* Într adevăr, Dumnezeu Şi-a arătat dragostea faţă de noi prin faptul că şi-a trimis singurul Fiu.

Poarta mântuirii este larg deschisă, astfel că oricine Îl acceptă pe Isus Cristos ca Mântuitor va fi mântuit și va merge în Cer. Cu toate acestea, cei mai mulți oameni care aud vorbindu-se despre Cer și iad nu se arată defel interesați de subiect. Mai mult, unii dintre ei chiar îi prigonesc pe cei care propovăduiesc Evanghelia. Cel mai trist lucru este faptul că oamenii care pretind că au credință în Dumnezeu încă iubesc lumea și păcatuiesc din cauză că nu au nicio nădejde că vor ajunge în Cer și nicio teamă că vor fi aruncați în iad.

Mărturiile oamenilor și consemnările din Biblie

Cerul și iadul aparțin unei lumi spirituale care există cu adevărat. Biblia menționează în repetate rânduri existența Cerului și a iadului. De asemenea, cei care au fost duși în Cer sau în iad depun mărturie despre acestea. De exemplu, Dumnezeu ne spune în Biblie cât de îngrozitor este iadul pentru a putea alege Cerul și viața veșnică și a nu fi aruncați în iad după ce murim.

Dacă mâna ta te face să cazi în păcat, taie-o; este mai bine pentru tine să intri ciung în viață, decât să ai două mâini, și să mergi în gheenă, în focul care nu se stinge, unde viermele lor nu moare, și focul nu se stinge. Dacă piciorul tău te face să cazi în păcat, taie-l; este mai bine pentru tine să intri în viață șchiop, decât să ai două picioare, și să fii aruncat în gheenă, în focul care nu se stinge, unde viermele lor nu moare, și focul nu se stinge. Și dacă ochiul tău te face să cazi în păcat, scoate-l; este mai bine pentru tine să intri în Împărăţia lui Dumnezeu numai cu un ochi, decât să ai doi ochi, şi să fii aruncat în focul gheenei, unde viermele lor nu moare, şi focul nu se stinge. Pentru că fiecare om va fi sărat cu foc, şi orice jertfă va fi sărată cu sare (Marcu 9:43-49).

Cei care au vizitat iadul mărturisesc despre aceleaşi lucruri menţionate în Biblie. În iad, „viermele lor nu moare, şi focul nu se stinge. Pentru că fiecare om va fi sărat cu foc."

Existenţa Cerului şi a iadului este evidentă, iar după ce murim, aşa cum este scris şi în Biblie, vom merge fie în Cer, fie în iad. Aşadar, dacă trăim în conformitate cu Cuvântul lui Dumnezeu, crezând în existenţa Cerului şi a iadului, vom putea intra în Cer.

Fie ca niciunul din voi să nu ajungă să se tânguiască cu părere de rău asemenea omului despre care am pomenit mai devreme, care suferea la nesfârşit în mormântul de jos deoarece refuzase să Îl primească pe Domnul ca Mântuitor, în pofida faptului că auzise de multe ori mesajul Evangheliei.

În Ioan 14:11-12, Isus ne spune: *„Credeţi-Mă că Eu sunt în Tatăl, şi Tatăl este în Mine; credeţi cel puţin pentru lucrările acestea. Adevărat, adevărat vă spun că cine crede în Mine va face şi el lucrările pe care le fac Eu; ba încă va face altele şi mai mari decât acestea, pentru că Eu Mă duc la Tatăl."*

Un om al lui Dumnezeu se poate recunoaşte prin faptul că lucrările pe care le face depăşesc abilităţile omeneşti, iar mesajul său este în concordanţă cu Cuvântul adevărat al lui Dumnezeu.

Eu Îl propovăduiesc pe Isus Cristos, iar Dumnezeul cel viu lucrează cu putere în timpul campaniilor de evanghelizare pe care le țin în toată lumea. Când mă rog în numele lui Isus Cristos, nenumărați oameni ajung să creadă și sunt mântuiți din cauza lucrărilor mărețe care au loc: orbii își capătă vederea, muții vorbesc, ologii umblă, muribunzii sunt readuși la viață, și așa mai departe.

În acest fel Și-a manifestat Dumnezeu puterea prin mine. În plus, El îmi arată în detaliu lucrurile privitoare la Cer și iad și mă ajută să le vestesc în toată lumea pentru ca numărul celor mântuiți să fie să fie cât mai mare posibil.

Astăzi, mulți oameni sunt curioși și vor să înțeleagă viața de apoi – adică lumea spirituală – însă, doar prin putere omenească, este imposibil să înțelegem lucrurile ce țin de lumea spirituală. Din Biblie, putem cunoaște în parte anumite lucruri. Dar, este mult mai ușor să înțelegem clar aceste lucruri când ne sunt dezvăluite prin Duhul Sfânt care cercetează totul, chiar și lucrurile adânci ale lui Dumnezeu (1 Corinteni 2:10).

Nădăjduiesc să dați crezare lucrurilor descrise de mine cu privire la iad, bazate pe versete Biblice, pentru că ele mi-au fost explicate de Dumnezeu Însuși în timp ce eram sub inspirația profundă a Duhului.

De ce vestesc judecata lui Dumnezeu și pedeapsa din iad

Când predic despre iad, cei care au credință sunt umpluți cu

Duh Sfânt şi ascultă mesajul fără nicio teamă. Dar, sunt unii care devin crispaţi din cauza tensiunii ce se naşte în ei, iar răspunsurile cu „Amin" şi „Da," prin care aprobă mesajul, dispar pe măsură ce îmi continui mesajul.

În cel mai rău caz, oamenii care au o credinţă slabă încetează să mai frecventeze serviciile de închinare sau chiar părăsesc biserica înfricoşaţi, în loc să îşi întărească credinţa în nădejdea pe care o au de a ajunge în Cer.

Este absolut necesar să descriu în detaliu iadul deoarece cunosc inima lui Dumnezeu. Lui Îi pasă de oamenii care aleargă spre iad, care încă trăiesc în întuneric, sau se compromit cu felul lumii de viaţă, cu toate că unii dintre ei susţin că au credinţă în Isus Cristos.

Prin urmare, voi descrie iadul în detaliu pentru ca astfel, copiii lui Dumnezeu să poată locui în lumină, lepădându-se de întuneric. Chiar dacă sunt cuprinşi de teamă şi se simt incomod când aud detalii despre judecata lui Dumnezeu şi pedeapsa din iad, Dumnezeu vrea ca toţi copiii Săi să se pocăiască şi să ajungă în Cer.

2. Pilda bogatului şi a săracului Lazăr

În Luca 16:19-31, după ce au murit, atât bogatul cât şi săracul Lazăr au ajuns în mormânt. Situaţiile în care urmau să se găsească cei doi de acum înainte erau complet diferite.

Bogatul era torturat cu foc în timp ce Lazăr era lângă Avraam,

Iadul

de cealaltă parte a prăpastiei. De ce?
În vremurile vechi testamentale, judecata lui Dumnezeu avea loc în conformitate cu Legea lui Moise. Pe de-o parte, bogatul a primit pedeapsa cu focul deoarece nu crezuse în Dumnezeu, cu toate că avusese parte de o viață de lux în această lume. Pe de altă parte, săracul Lazăr s-a putut bucura de o odihnă veșnică pentru că avusese credință în Dumnezeu în pofida faptului că era plin de bube și își dorea să mânânce firmiturile care cădeau de la masa bogatului.

După moarte, destinația veșnică este determinată la judecata lui Dumnezeu

În Vechiul Testament, vedem că înaintașii în credință, din care îi amintim pe Iacov și Iov, spun că se vor coborî în Locuința Morților după ce vor fi murit (Geneza 37:35; Iov 7:9). Core și oamenii lui care se ridicaseră împotriva lui Moise au stârnit mânia lui Dumnezeu și s-au coborât de vii în Locuința Morților (Numeri 16:33).

În Vechiul și Noul Testament mai apar cuvintele „Sheol" și „Hades." Sheol și Hades în limba engleză înseamnă „mormânt." [În românește Sheol și Hades s-au tradus fie cu „Locuința Morților," fie cu „Gheenă." – n. tr.] Locuința morților este alcătuită din două zone: mormântul de sus, care aparține Cerului, și mormântul de jos, care aparține iadului.

Prin urmare, puteți vedea că înaintașii în credință, de exemplu Iacov și Iov, sau săracul Lazăr, au mers în mormântul de sus, care aparține de Cer, spre deosebire de Core și omul bogat, care au mers în mormântul de jos ce aparține de iad.

Vedeți, dar, că există cu adevărat viață după moarte, iar toți, bărbați și femei, sunt meniți a ajunge fie în Cer, fie în iad, după cum este hotărât la judecata lui Dumnezeu. Vreau să vă îndemn cu ardoare să vă puneți credința în Dumnezeu pentru a nu fi trimiși în iad.

3. Structura Cerului și a iadului

Biblia folosește diferite nume când se referă la Cer sau la iad. De fapt, vă puteți da seama că Cerul și iadul nu sunt unul și același loc.

Cu alte cuvinte, când se face referire la Cer, se folosesc denumirile de „Mormântul de sus," „Paradis" sau „Noul Ierusalim." Acest lucru se datorează faptului că Cerul, unde locuiesc sufletele mântuite, este împărțit în multe locuri distincte.

După cum am explicat în mesajele cărților „*Măsura Credinței*" și „*Cerul I & II*," puteți locui cu atât mai aproape de tronul lui Dumnezeu din Noul Ierusalim cu cât ajungeți să vă asemănați mai mult cu Dumnezeu Tatăl. Prin urmare, veți ajunge în a Treia Împărăție a Cerului, a Doua Împărăție a Cerului sau în Prima Împărăție a Cerului, în funcție de măsura de credință pe care o aveți. Cei care sunt mântuiți ca prin foc vor intra în Paradis.

Locuința sufletelor nemântuite sau a duhurilor rele mai este numită „Mormântul de jos," „Iazul de foc," „Iazul de pucioasă" sau „Adâncul (groapa fără fund)." Asemenea Cerului, și iadul

Iadul este împărțit în multe locuri deoarece locuințele sufletelor diferă una de alta în funcție de faptele nelegiuite făcute pe pământ.

Structura Cerului și a iadului

Pentru a înțelege mai bine structura Cerului și a iadului, imaginați-vă forma unui romb (◇). Dacă secționăm această formă în jumătate, vom obține un triunghi normal (△) și un triunghi răsturnat (▽). Să presupunem că triunghiul normal reprezintă Cerul, iar triunghiul răsturnat reprezintă iadul.

Partea cea mai de sus a triunghiului normal corespunde Noului Ierusalim, iar partea cea mai de jos a sa corespunde mormântului de sus. Deasupra mormântului de sus se află Paradisul, apoi Prima Împărăție a Cerului, a Doua Împărăție, a Treia Împărăție și Noul Ierusalim. Totuși, să nu vă imaginați că Împărățiile sunt situate una deasupra celeilalte asemenea unei clădiri cu trei niveluri, ca pe pământ. În lumea spirituală, este imposibil a separa teritoriile prin linii de demarcație și a descrie forma lor. Folosesc acest exemplu doar pentru a vă ajuta să înţelegeţi mai bine Cerul şi iadul.

În triunghiul de sus, vârful corespunde Noului Ierusalim, iar baza corespunde mormântului de sus. Cu alte cuvinte, cu cât vă apropiaţi mai mult de vârf, cu atât mai minunată va fi Împărăţia Cerului pe care o întâlniţi.

În figura cealaltă, baza triunghiului răsturnat este cea mai înaltă parte şi corespunde mormântului de jos. Cu cât vă apropiaţi mai mult de partea de jos, cu cât mai adânc este iadul pe care-l întâlniţi; mormântul de jos, iazul de foc, iazul de pucioasă şi Adâncul. Adâncul menţionat în Evanghelia după Luca şi în Apocalipsa se referă la locul cel mai de jos din iad.

În triunghiul normal, pe măsură ce vă deplasaţi de jos în sus, de la Paradis la Noul Ierusalim, suprafaţa devine tot mai restrânsă. Această imagine ar trebui să vă sugereze faptul că numărul oamenilor care intră în Noul Ierusalim este relativ mic în comparaţie cu numărul celor ce intră în Paradis, Prima Împărăţie şi a Doua Împărăţie a Cerului. Singurii care pot intra în Noul Ierusalim sunt aceia care ajung la sfinţenie şi desăvârşire, curăţindu-şi inimile şi asemănându-se tot mai mult cu Dumnezeu Tatăl.

Dacă vă uitaţi la imaginea triunghiului răsturnat, vedeţi că numărul celor care ajung în locul cel mai adânc din iad este relativ mic deoarece acest loc este rezervat celor care au fost însemnaţi cu fierul roşu în însuşi cugetul lor, care au comis păcatele cele mai îngrozitoare. Ceilalţi oameni care au comis păcate mai puţin grave merg în partea de sus, mai întinsă, a iadului.

Într-un anume fel, ne-am putut imagina forma de romb pe care o formează Cerul și iadul. Cu toate acestea, să nu trageți concluzia că, în realitate, Cerul este de forma unui triunghi, iar iadul de forma unui triunghi răsturnat.

O prăpastie între Cer și iad

Între triunghiul de deasupra care reprezintă Cerul și cel răsturnat care reprezintă iadul este o prăpastie. Cerul și iadul sunt complet separate unul de altul, iar distanța care le desparte este de neimaginat de mare.

Dumnezeu a delimitat cu exactitate cele două tărâmuri spirituale pentru ca sufletele să nu se poată deplasa dintr-un loc în altul, între Cer și iad. În situații extrem de speciale, Dumnezeu face posibil ca oamenii să se vadă și să poată vorbi unii cu alții așa cum au făcut-o bogatul și Avraam.

Între cele două triunghiuri simetrice există o mare depărțitură. Oamenii nu pot trece din Cer în iad și invers. Dar, când Dumnezeu îngăduie, oamenii din Cer și din iad se pot vedea unii pe alții, se pot auzi și pot comunica prin duhul indiferent cât de mare este distanța dintre cele două tărâmuri.

Acest lucru ar fi mai ușor de înțeles dacă faceți comparație cu modul în care putem vorbi la telefon cu oameni aflați de partea cealaltă a pământului. Mai mult, datorită dezvoltării rapide a științei și tehnologiei, prin intermediul sateliților, putem să ne și vedem unii pe alții pe ecrane în timp ce vorbim.

Chiar dacă între Cer și iad este o prăpastie mare, bogatul l-a putut vedea pe Lazăr în sânul lui Avraam și a putut vorbi cu

Avraam în duh, prin îngăduința lui Dumnezeu.

4. Mormântul de sus și Paradisul

Trebuie să clarific totuși faptul că mormântul de sus nu este în Cer, dar poate fi oarecum considerat ca aparținând Cerului, în timp ce mormântul de jos aparține în totalitate iadului. Rolul pe care l-a avut mormântul de sus în vremurile vechi testamentale a fost redefinit în Noul Testament.

Mormântul de sus în vremurile Vechiului Testament

În vremurile vechi testamentale, sufletele mântuite așteptau în mormântul de sus. Avraam, părintele credinței, lua aceste suflete în primire, de aceea Biblia menționează faptul că Lazăr ajunsese în sânul lui Avraam.

Dar, de la învierea și înălțarea Domnului Isus Cristos încoace, sufletele mântuite nu mai rămân lângă Avraam, ci sunt transferate în Paradis și sunt lângă Domnul. Acesta este motivul pentru care Isus i-a spus unuia dintre tâlhari care se pocăise și Îl acceptase pe Isus ca Mântuitor în timp ce era răstignit pe cruce: *„Adevărat îți spun că astăzi vei fi cu Mine în rai"* (Luca 23:43).

S-a dus Isus în Paradis imediat după răstignire? În 1 Petru 3:18-19 ni se spune că *„Hristos, de asemenea, a suferit o dată pentru păcate, El, Cel Neprihănit, pentru cei nelegiuiți, ca să ne aducă la Dumnezeu. El a fost omorât în trup, dar a fost înviat în duh, în care S-a dus să propovăduiască duhurilor din* *închisoare."* Din acest verset puteți vedea cum Isus a predicat Evanghelia tuturor celor care urmau să fie mântuiți și care așteptau în mormântul de sus. Voi discuta acest lucru în detaliu în capitolul 2.

Isus, care predicase Evanghelia timp de trei zile în mormântul de sus, a dus toate sufletele de acolo în Paradis. Aceste suflete așteptau să primească mântuirea după învierea și înălțarea la Cer a lui Isus. Astăzi, Domnul ne pregătește un loc în Cer, după cum ne-a promis în Ioan 14:2: *"Mă duc să vă pregătesc un loc."*

Paradisul în vremurile Noului Testament

După ce Isus a deschis larg poarta mântuirii, sufletele mântuite nu mai rămân în mormântul de sus. Acestea locuiesc acum la periferia Paradisului, în locul de așteptare din Cer, până la terminarea cultivării umane. Apoi, după judecata din fața tronului mare și alb, fiecare suflet va intra în locuința-i cerească, construită potrivit cu măsura de credință a fiecăruia și va locui acolo pentru totdeauna.

Toate sufletele mântuite în perioada Noului Testament așteaptă în Paradis. Unii poate se întreabă dacă este posibil ca un număr atât de mare de oameni care au fost născuți de la Adam încoace să încapă în Paradis. „Pastor Lee! Oare cum este cu putință ca atât de mulți oameni să locuiască în Paradis? Chiar dacă este un loc imens, mă tem că nu va fi suficient de mare pentru ca toți oamenii să poată locui laolaltă."

Sistemul solar de care aparține Pământul este cât un firicel de praf în comparație cu un sistem galactic. Vă puteți imagina cât de mare este sistemul galactic? Cu toate acestea, până și un sistem galactic este cât un vârf de ac în comparație cu universul întreg. Prin urmare, vă puteți imagina cât de mare este universul întreg?

În plus, universul colosal în care locuim este doar unul din multele universuri, iar imensitatea universului întreg depășește imaginația omenească. Astfel, dacă nu este cu putință să vă imaginați cât de vast este universul fizic, cum credeți că v-ați putea închipui imensitatea Cerului din lumea spirituală?

Dimensiunile Paradisului depășesc imaginația omenească. Este imposibil de măsurat distanța de la un capăt al Paradisului la celălalt, unde începe Prima Împărăție a Cerului. Vă puteți imagina cât de vast este Paradisul?

În Paradis, sufletele dobândesc cunoștințe spirituale

Cu toate că este un loc de așteptare în drum spre Cer, Paradisul nu este nicidecum un loc mic și plictisitor. Este atât de frumos încât nici nu poate fi comparat cu cea mai extraordinară priveliște din această lume.

Sufletele care așteaptă în Paradis primesc învățătură spirituală din partea unor profeți. Ei află lucruri despre Dumnezeu și Cer, despre legile spirituale și altele asemenea. Cunoștințele spirituale sunt nelimitate. Însușirea cunoștințelor se face diferit decât pe pământ. Nu este un proces dificil sau plictisitor. Cu cât învață mai mult, cu atât primesc mai multă bucurie și har.

Chiar și în această lume, cei care au o inimă pură și curată pot dobândi foarte multe cunoștințe spirituale prin comunicare cu Dumnezeu. Puteți înțelege multe lucruri prin inspirația Duhului Sfânt când vedeți acele lucruri cu ochii spirituali. Puteți experimenta puterea spirituală a lui Dumnezeu și în această lume deoarece înțelegeți legile spirituale ale credinței și modul în care răspunde Dumnezeu la rugăciune în măsura în care vă tăiați împrejur inima.

Cât de fericiți și satisfăcuți sunteți când învățați lucruri spirituale noi și le experimentați aici pe pământ? Imaginați-vă cu cât mai bucuroși și mai împliniți vă veți simți când veți primi învățătură spirituală profundă în Paradisul care aparține de Cer.

Deci, unde locuiesc profeții? În Paradis? Nu. Sufletele care împlinesc condițiile pentru a intra în Noul Ierusalim nu așteaptă în Paradis, ci merg direct în Noul Ierusalim și Îl ajută pe Dumnezeu în lucrarea Sa.

Avraam a fost responsabil de mormântul de sus până la răstignirea lui Isus. După ce Isus a înviat și S-a înălțat la Cer, Avraam a intrat în Noul Ierusalim deoarece Își încheiase îndatoririle legate de mormântul de sus. Atunci, unde erau Moise și Ilie în timp ce Avraam se ocupa de mormântul de sus? Nu erau în Paradis, ci în Noul Ierusalim, deoarece îndepliniseră condițiile intrării în Noul Ierusalim (Matei 17:1-3).

Mormântul de sus în vremurile Noului Testament

Probabil că ați văzut în vreun film cum sufletul unui om, care se aseamănă cu trupul fizic, se desprinde de trup după moarte și este condus fie de îngeri din Cer, fie de mesageri din iad. De fapt, când un suflet mântuit moare, sufletul se desprinde de trup și este condus la Cer de către doi îngeri îmbrăcați în veșminte albe. Cine știe acest lucru nu va fi șocat când sufletul său se va desprinde de trup la moarte. Însă cine nu știe acest lucru va fi șocat când va vedea o altă persoană care arată identic și care se desprinde de trup.

Sufletul desprins de trupul fizic se va simți foarte ciudat la început. Starea sa de acum este foarte diferită de cea precedentă deoarece sufletul trece prin niște schimbări foarte mari, de la o lume tridimensională la una cuadri-dimensională.

Sufletul desprins nu mai simte greutatea trupului și va fi foarte tentat să zburde pe tot locul din cauză că se simte atât de ușor. Din acest motiv, este nevoie de un timp de acomodare la lumea spirituală, timp în care sufletul respectiv învață noțiunile de bază. Prin urmare, sufletele mântuite în vremurile nou testamentale vor petrece un timp în mormântul de sus pentru a se acomoda lumii spirituale înainte de a merge în Paradis.

5. Mormântul de jos, un loc de așteptare în drum spre iad

Partea cea mai de sus a iadului este mormântul de jos. Pe măsură ce un suflet merge mai adânc în iad, întâlnește iazul de foc, iazul de pucioasă și apoi Adâncul, locul cel mai îndepărtat din iad. Încă de la începutul lumii, sufletele nemântuite nu s-au dus încă iad ci sunt în mormântul de jos.

Mulți oameni susțin că au vizitat iadul. Eu cred că, de fapt, ceea ce au văzut, erau torturile din mormântul de jos. Acest lucru se datorează faptului că sufletele nemântuite sunt ținute în diferite părți ale mormântului de jos în funcție de gravitatea păcatelor comise și, ulterior, vor fi aruncate în iazul de foc sau de pucioasă, după judecata dinaintea tronului mare și alb.

Suferințele sufletelor nemântuite din mormântul de jos

În Luca 16:24, suferințele pe care le experimenta bogatul în mormântul de jos sunt descrise cu acuratețe. În agonia sa, bogatul a cerut o picătură de apă, spunând: *„Părinte Avraame, fie-ți milă de mine și trimite pe Lazăr să-și înmoaie vârful degetului în apă și să-mi răcorească limba; căci grozav sunt chinuit în văpaia aceasta."*

Cum să nu fie îngrozite și înspăimântate sufletele când sunt chinuite continuu în mijlocul unei mulțimi de oameni care strigă în agonia lor provocată de focul razant, fără nici cea mai mică nădejde de a muri în iad, unde viermele lor nu moare și focul nu se stinge?

Mesagerii nemiloși ai iadului chinuie sufletele în întunericul beznă din mormântul de jos. Din cauză că acest loc este plin de sânge și de mirosul înfiorător al trupurilor aflate în putrefacție, respirația este foarte îngreunată. Cu toate acestea, pedeapsa din mormântul de jos nici poate fi comparată cu cea din iad.

De la capitolul 3 încolo, voi descrie în detaliu cât de îngrozitor este mormântul de jos și ce fel de pedepse insuportabile sunt aplicate în iazul de foc și cel de pucioasă.

Sufletele nemântuite sunt pline de remuşcări în mormântul de jos

În Luca 16:27-30, bogatul nu a crezut în existenţa iadului dar, după ce a murit, a ajuns să îşi vadă nerozia şi să fie plin de remuşcări pe când se afla în văpaia focului. Bogatul l-a implorat pe Avraam să îl trimită pe Lazăr la fraţii săi pentru ca aceştia să nu ajungă şi ei în iad.

"Rogu-te, dar, părinte Avraame, să trimiţi pe Lazăr în casa tatălui meu; căci am cinci fraţi, şi să le adeverească aceste lucruri, ca să nu vină şi ei în acest loc de chin." Avraam a răspuns: "Au pe Moise şi pe proroci; să asculte de ei." "Nu, părinte Avraame," a zis el, "ci dacă se va duce la ei cineva din morţi, se vor pocăi."

Oare ce le-ar fi zis bogatul fraţiilor săi dacă ar fi putut să le vobească în persoană? Cu siguranţă că le-ar fi spus: "Ştiu cu certitudine că iadul există. Vă implor să trăiţi potrivit cu Cuvântul lui Dumnezeu ca să nu veniţi în iad pentru că acesta este un loc îngrozitor care-ţi face părul măciucă."

Chiar dacă era în agonie şi în suferinţă nesfârşită, bogatul îşi dorea cu ardoare să îi ajute pe fraţii săi să nu meargă în iad, lucru care denotă faptul că bogatul avea totuşi o inimă relativ bună. Dar oare cum stau lucrurile cu oamenii din ziua de azi?

Odată, Dumnezeu mi-a arătat un cuplu căsătorit care era chinuit în iad deoarece Îl părăsiseră pe Dumnezeu şi biserica. În iad, cei doi se învinovățeau, se blestemau și se urau unul pe altul până într-acolo încât își doreau ca celălalt să sufere și mai mult.

Bogatul dorise ca frații lui să fie mântuiți deoarece avea o inimă oarecum bună. Dar, trebuie să rețineți faptul că bogatul a fost totuși aruncat în iad. De asemenea, trebuie să realizați că nu puteți fi mântuiți făcând simpla afirmație: „Cred."

Omului îi este dat să moară o singură dată, după care va merge fie în Cer, fie în iad. De aceea, ar trebui să nu fiți nechibzuiți ci să deveniți adevărați credincioși.

Cel înțelept se pregătește pentru viața de apoi

Cei înțelepți se pregătesc cu adevărat pentru viața de apoi în timp ce restul oamenilor se străduiesc din răsputeri să aibă parte de mai multă cinste, putere, avere, prosperitate și o viață lungă pe acest pământ.

Cei înțelepți își adună averi în Cer potrivit cu Cuvântul lui Dumnezeu deoarece știu prea bine că nu vor putea duce nimic în mormânt.

Probabil ați auzit mărturii ale oamenilor care nu și-au găsit locuințele în Cer când au vizitat acest loc cu toate că, aparent, au crezut în Dumnezeu și au trăit pentru Cristos. Veți primi o casă mare și frumoasă în Cer dacă vă veți aduna cu sârguință bogății pentru Cer în timp ce trăiți în această lume ca și copii preaiubiți ai lui Dumnezeu!

Sunteți cu adevărat binecuvântați și înțelepți când vă luptați să aveți tot timpul o credință nezguduită pentru a intra în Cerul minunat și când vă adunați cu sârguință averi în Cer, prin credință, pregătindu-vă ca o mireasă a Domnului pentru venirea Lui neîntârziată.

Odată ce un om moare, nu își poate retrăi viața. De aceea, vă rog să trăiți în continuare cu credința că Cerul și iadul există. Mai mult, știind că sufletele nemântuite suferă îngrozitor în iad, ar trebui să vestiți adevărul despre Cer și iad tuturor celor cu care vă întâlniți în această viață. Gândiți-vă cât de plăcut va fi acest lucru înaintea lui Dumnezeu!

Cei care vestesc dragostea lui Dumnezeu, care doresc să îi conducă pe alții la mântuire, vor fi binecuvântați în această viață și vor străluci ca soarele în Cer.

Nădăjduiesc că veți crede în Dumnezeul cel viu care vă judecă și vă răsplătește, și că veți deveni copii adevărați ai lui Dumnezeu. Mă rog în numele Domnului să călăuziți cât mai mulți oameni înapoi la Dumnezeu și la mântuire, și să vă desfătați mult în Dumnezeu.

Capitolul 2

Cum sunt mântuiți cei care nu au auzit niciodată Evanghelia

1. Judecata cugetului
2. Bebeluși nenăscuți proveniți din avort sau pierdere de sarcină
3. Nou născuții și copiii sub cinci ani
4. Copiii cu vârsta cuprinsă între șase și doisprezece ani
5. Au fost Adam și Eva mântuiți?
6. Ce s-a întâmplat cu primul ucigaș, Cain?

> Cînd Neamurile, măcar că n'au lege,
> fac din fire lucrurile Legii, prin aceasta ei,
> cari n'au o lege, îşi sînt singuri lege;
> şi ei dovedesc că lucrarea Legii este scrisă în inimile lor;
> fiindcă despre lucrarea aceasta mărturiseşte cugetul lor
> şi gîndurile lor, cari sau se învinovăţesc sau
> se desvinovăţesc între ele.
> - Romani 2:14-15 -

> Domnul i-a zis: ,,Nicidecum; ci dacă va omorî cineva
> pe Cain, Cain să fie răzbunat de şapte ori."
> Şi Domnul a hotărît un semn pentru Cain,
> ca oricine îl va găsi, să nu-l omoare.
> - Geneza 4:15 -

Dumnezeu Și-a demonstrat dragostea față de noi prin faptul că L-a dat pe singurul Său Fiu, Isus Cristos, să fie răstignit ca noi să putem fi mântuiți.

Părinții își iubesc copilașii, însă doresc ca ei să devină suficient de maturi încât să le poată înțelege inima, să poată râde și plânge împreună.

Tot astfel, Dumnezeu dorește ca toți oamenii să fie mântuiți. Mai mult, Dumnezeu dorește ca ei să devină suficient de maturi în credință încât să cunoască dorințele inimii lui Dumnezeu Tatăl și să aibă o relație de dragoste profundă cu El. Acesta este motivul pentru care Pavel spune în 1 Timotei 2:4 că Dumnezeu dorește ca toți oamenii să fie mântuiți și să ajungă la cunoștința adevărului.

Dumnezeu ne dezvăluie amănunte despre iad și lumea spirituală deoarece, în dragostea Sa, dorește ca toți oamenii să fie mântuiți și să devină maturi în credință.

În acest capitol voi explica detaliat dacă și cum e posibil pentru cei care mor fără să audă despre Isus Cristos să fie mântuiți.

1. Judecata cugetului

Mulți oameni care nu cred în Dumnezeu acceptă cel puțin că Cerul și iadul sunt o realitate, însă acest lucru nu le va da, pur și simplu, permisiunea de a intra în Cer.

După cum ne spune Isus în Ioan 14:6 – *„Eu sunt Calea, Adevărul și Viața. Nimeni nu vine la Tatăl decât prin Mine"* –

putem fi mântuiți și putem intra în Cer doar dacă avem o relație cu Isus Cristos.

Deci, cum poate fi cineva mântuit? În Romani 10:9-10, apostolul Pavel ne arată calea spre o mântuire sigură:

Dacă mărturisești deci cu gura ta pe Isus ca Domn și dacă crezi în inima ta că Dumnezeu L-a înviat din morți, vei fi mântuit. Căci prin credința din inimă se capătă neprihănirea, și prin mărturisirea cu gura se ajunge la mântuire.

Să presupunem că există oameni care nu Îl cunosc pe Isus Cristos. Prin urmare, ei nu Îl mărturisesc „pe Isus ca Domn" nici nu cred în Isus Cristos în inima lor. Atunci, este adevărat faptul că niciunul nu poate fi mântuit?

Mulți oameni au trăit în vremurile premergătoare venirii lui Isus pe pământ. Chiar și în vremurile Nou Testamentale au existat oameni care au murit fără să fi auzit Evanghelia. Pot acei oameni să fie mântuiți?

Care este oare soarta celor care au murit cu mult înainte de a putea fi suficient de maturi și înțelepți ca să ajungă la credință? Ce se va întâmpla cu copiii nenăscuți care au murit prin avort sau pierdere de sarcină? Se vor duce în iad automat pe motiv că nu au crezut în Isus Cristos? Nu, nu se vor duce.

În dreptatea Lui, Dumnezeul dragostei deschide ușa mântuirii tuturor, aplicând așa-numita „judecată a conștiinței."

Cei care L-au căutat pe dumnezeu și au avut un cuget curat

Romani 1:20 declară: *„În adevăr, însușirile nevăzute ale Lui, puterea Lui veșnică și dumnezeirea Lui se văd lămurit, de la facerea lumii, când te uiți cu băgare de seamă la ele în lucrurile făcute de El. Așa că nu se pot dezvinovăți."* De aici, deducem că oamenii cu inimi bune cred în existența unui dumnezeu când privesc creația.

Eclesiastul 3:11 ne spune că Dumnezeu a pus gândul veșniciei în inimile oamenilor. Astfel, oamenii buni la inimă îl caută pe dumnezeu prin natura lor și cred destul de vag în viața de apoi. Oamenii buni se tem la gândul veșniciei și încearcă să trăiască o viață bună și neprihănită chiar dacă, poate, nu au auzit niciodată Evanghelia. De aceea, într-o oarecare măsură, trăiesc potrivit cu voia dumnezeilor lor. Dacă ar fi auzit Evanghelia, cu siguranță că L-ar fi acceptat pe Domnul în viața lor și ar fi intrat în Cer.

Tocmai din acest motiv, în vremurile de dinaintea morții pe cruce a lui Isus, Dumnezeu a permis sufletelor bune să stea în mormântul de sus ca modalitate de a le conduce spre Cer. După răstignirea lui Isus, Dumnezeu i-a condus la mântuire prin sângele lui Isus și le-a îngăduit să audă Evanghelia.

Vestirea Evangheliei în mormântul de sus

Biblia ne spune că, după ce a murit pe cruce, Isus S-a dus și a propovăduit Evanghelia în mormântul de sus.

După cum vedem în 1 Petru 3:18-19: *„Hristos, de asemenea,*

a suferit o dată pentru păcate, El, Cel Neprihănit, pentru cei nelegiuiți, ca să ne aducă la Dumnezeu. El a fost omorât în trup, dar a fost înviat în duh, în care S-a dus să propovăduiască duhurilor din închisoare," Isus a propovăduit Evanghelia sufletelor din mormântul de sus pentru ca și aceștia să poată fi mântuiți prin sângele Lui.

Când au auzit Evanghelia, oamenii care nu o auziseră în timpul vieții au avut ocazia, în cele din urmă, să afle cine este Isus Cristos și să fie mântuiți.

În niciun alt nume nu este mântuire decât în numele lui Isus Cristos (Faptele Apostolilor 4:12). Chiar și în vremea nou testamentală, cei care nu au avut nicio ocazie de a auzi Evanghelia sunt mântuiți prin judecata cugetului. Ei vor sta în mormântul de sus trei zile, timp în care vor auzi Evanghelia, după care vor intra în Cer.

Oamenii cu cuget întinat nu Îl caută niciodată pe Dumnezeu și trăiesc în păcat, lăsându-se în voia propriilor plăceri. N-ar crede în Evanghelie nici dacă ar auzi-o. După ce mor, vor fi trimiși în mormântul de jos să sufere pedeapsa și apoi vor fi aruncați în iad, după judecata din fața tronului cel mare și alb.

Judecata cugetului

Este imposibil ca un om să judece cu acuratețe cugetul altuia din cauză că omului nu îi este dat să știe ce este în inima altuia. Dar, Atotputernicul Dumnezeu poate discerne ce este în inima fiecăruia și poate emite judecăți pe măsură.

Textul din Romani 2:14-15 explică cum se face judecata

cugetului. Oamenii buni știu ce este bine și ce este rău deoarece cugetul lor le face de cunoscut cerințele Legii.

> *Când Neamurile, măcar că n-au lege, fac din fire lucrurile Legii, prin aceasta ei, care n-au o lege, își sunt singuri lege; și ei dovedesc că lucrarea Legii este scrisă în inimile lor; fiindcă despre lucrarea aceasta mărturisește cugetul lor și gândurile lor, care sau se învinovățesc sau se dezvinovățesc între ele.*

Asfel, oamenii buni nu umblă pe calea celor răi, ci fac binele în viață. În consecință, potrivit cu judecata cugetului, vor aștepta trei zile în mormântul de sus, timp în care vor auzi Evanghelia și vor fi mântuiți.

De exemplu, amiralul Soonshin Lee* a umblat în bunătate și s-a ghidat după conștiința lui cea bună. (*Nota editorului: Amiralul Lee a fost comandantul suprem al forțelor maritime militare din timpul dinastiei Chosun din Coreea secolului al XVI-lea.) Amiralul Lee a trăit în adevăr chiar dacă nu L-a cunoscut pe Isus Cristos. A fost întotdeauna loial împăratului, țării și oamenilor pe care îi proteja. A fost un om bun care și-a respectat părinții și și-a iubit frații. Nu și-a urmărit interesele proprii și n-a umblat după cinste, putere și bogății. A slujit doar și s-a sacrificat pentru aproapele lui și pentru oameni.

Nu puteți găsi urmă de răutate în el. Când a fost exilat, amiralul Lee nu s-a plâns, nici nu a intenționat să se răzbune pe dușmanul lui când acesta l-a acuzat pe nedrept. Nu a protestat înaintea împăratului nici când acesta, după ce îl exilase, i-a dat ordin să lupte pe câmpul de bătălie. În schimb, i-a mulțumit împăratului din toată inima, a organizat armata din nou și a luptat în bătălii cu riscul de a-și pierde viața. Mai mult, și-a făcut timp să se roage și să îngenuncheze în fața dumnezeul lui pentru că a crezut în existența unui dumnezeu. Ce motiv ar avea Dumnezeu să nu îl primească în Cer?

Cei excluși de la judecata cugetului

Pot fi supuși la judecata cugetului cei care au auzit Evanghelia dar au ales să nu creadă în Dumnezeu?

Membrii familiei, care au auzit Evanghelia de la voi dar nu au acceptat-o, nu vor putea fi supuși judecății cugetului. Li se cuvine să nu fie mântuiți din cauză că au respins mesajul crucii în ciuda faptului că l-au auzit în repetate rânduri.

Cu toate acestea, voi trebuie să vestiți Evanghelia cu sârguință deoarece, chiar dacă oamenii sunt atât de răi încât merită să meargă în iad, prin lucrarea voastră, le veți da mai multe ocazii să fie mântuiți.

Fiecare copil al lui Dumnezeu este dator Evangheliei și are obligația de a o răspândi. Dumnezeu vă va trage la răspundere în Ziua Judecății dacă nu ați vestit Evanghelia celor din familiile voastre, adică părinților, fraților, rudelor și așa mai departe. „De ce nu le-ai spus Evanghelia părinților și fraților tăi?" „De ce nu le-ai spus copiilor tăi despre Dumnezeu?" „De ce nu le-ai împărtășit prietenilor tăi despre Dumnezeu?" și așa mai departe.

De aceea, dacă înțelegeți cu adevărat dragostea lui Dumnezeu care Şi-a jertfit singurul Fiu şi dacă cunoaşteţi cu adevărat dragostea Domnului care a murit pe cruce pentru noi, sunteţi datori să propovăduiţi neconteni oamenilor vestea cea bună.

Mântuirea sufletelor este singura cale de a răsplăti sângele Domnului şi de a astâmpăra setea Domnului care a strigat de pe cruce: „Mi-e sete."

2. Bebeluşi nenăscuţi proveniţi din avort sau pierdere de sarcină

Care este soarta bebeluşilor nenăscuţi care au murit din cauza unei pierderi de sarcină? După moartea fizică, duhul unei fiinţe omeneşti este sortit să meargă fie în Cer, fie în iad, din cauză că nu poate fi distrus, chiar dacă este atât de tânăr.

Duhul este dat după cinci luni de la concepţie

Când primeşte fătul duh? Duhul nu este dat decât în luna a şasea de sarcină.

Potrivit cu cercetările din domeniul medical, după cinci luni de la concepţie, fătul îşi dezvoltă organele auditive, ochii şi pleoapele. Lobii cerebrali care activează funcţia creierului mare se formează, de asemenea, în luna a cincea sau a şasea de sarcină.

Când fătul are şase luni, i se dă un duh şi, practic, are forma unei fiinţe omeneşti. Fătul nu merge nici în iad nici în Cer când are loc o pierdere de sarcină înainte ca să-i fie dat duhul deoarece un făt fără duh este asemenea unui animal.

Eclesiastul 3:21 spune: *"Cine știe dacă suflarea omului se suie în sus, și dacă suflarea dobitocului se coboară în jos în pământ?"* "Suflarea omului" din acest verset se referă combinația dintre duhul omului dat de Dumnezeu, care îl face pe om să Îl caute pe Dumnezeu, și sufletul său, care îl face să gândească și să asculte de Cuvântul lui Dumnezeu. "Suflarea dobitocului" se referă doar la sufletul animalului, adică la sistemul care îl face să gândească și să acționeze.

Orice animal piere când moare deoarece are numai suflet, dar nu și duh. Fătul care nu ajunge la cinci luni de sarcină nu are un duh. Astfel, când moare, piere asemenea unui animal.

Avortul este un păcat la fel de grav ca și comiterea unei crime

Atunci, este totuși păcat să avortați un făt mai tânăr de cinci luni deoarece nu are duh în el? Nu trebuie să comiteți păcat prin avortarea unui făt indiferent de vremea la care i se dă un duh pentru că Dumnezeu este singurul care are drept asupra vieții omenești.

În Psalmul 139:15-16, psalmistul scrie: *"Trupul meu nu era ascuns de Tine, când am fost făcut într-un loc tainic, țesut în chip ciudat, ca în adâncimile pământului. Când nu eram decât un plod fără chip, ochii Tăi mă vedeau; și în cartea Ta erau scrise toate zilele care-mi erau rânduite, mai înainte de a fi fost vreuna din ele."*

Dumnezeul dragostei v-a cunoscut pe fiecare în parte încă dinainte să fi fost făcuți în pântecul mamei voastre și planurile

Lui pentru viața voastră au fost atât de minunate încât le-a scris în cartea Sa. Din acest motiv, o creatură a lui Dumnezeu nu poate decide asupra vieții unui făt, chiar dacă acesta este mai tânăr de cinci luni.

Avortul unui făt este similar cu comiterea unei crime deoarece se subminează autoritatea lui Dumnezeu asupra vieții, morții, binecuvântării si blestemului. Mai mult, cum v-ați și permite să susțineți că este un păcat nesemnificativ când vă ucideți propriul copil, fiu sau fiică?

Pedepsele pentru păcat și necazurile ce rezultă de pe urma lor

În niciun caz, indiferent cât de dificilă ar fi situația, nu aveți dreptul să violați suveranitatea lui Dumnezeu asupra vieții omenești. Mai mult, nu se cuvine să vă avortați copilul în goana după plăceri. Trebuie să știți că veți culege ceea ce ați semănat și veți plăti pentru ceea ce ați făcut.

Este mai grav dacă avortați un făt după șase luni de sarcină. Este același lucru cu uciderea unui adult deoarece fătul a primit deja duh.

Avortul pune un zid de despărțire între voi și Dumnezeu. Prin urmare, veți avea parte de dureri provenite din tot felul de încercări și necazuri. Treptat, dacă nu rezolvați problema păcatului, vă veți îndepărta de Dumnezeu din cauza zidului de despărțire și, în cele din urmă, s-ar putea să vă fi depărtat prea mult ca să vă mai puteți întoarce din cale.

Chiar și cei care nu cred în Dumnezeu vor fi pedepsiți și vor avea parte de tot felul de încercări și necazuri dacă comit feticid deoarece este o crimă. Încercările și necazurile îi vor însoți pentru că Dumnezeu nu îi poate ocroti și Își va întoarce fața de la ei dacă nu distrug zidul creat prin păcat.

Pocăiți-vă de păcat pe deplin și înlăturați zidul creat prin păcat

Dumnezeu a dat poruncile Lui nu ca să condamne ființele omenești, ci ca să le descopere voia Sa și să îi călăuzească spre pocăință și mântuire.

Dumnezeu vă permite să înțelegeți aceste lucruri privitoare la avort pentru a nu comite acest păcat și pentru a putea distruge zidul de despărțire, pocăindu-vă de păcatele comise în trecut.

Dacă ați făcut avort în trecut, pocăiți-vă pe deplin și distrugeți zidul creat de păcat aducând o jertfă de pace. Numai după aceea, încercările și necazurile vor dispărea și Dumnezeu nu Își va mai aminti de păcatele voastre.

Când are loc un avort, gravitatea păcatului diferă de la caz la caz. De exemplu, dacă v-ați avortat copilul pentru că ați rămas însărcinată în urma unui viol, păcatul vostru este relativ neînsemnat. Dacă un cuplu căsătorit și-au avortat copilul nedorit, păcatul lor este mai grav.

Dacă nu vă doriți copilul din diverse motive, ar trebui să vă încredințați copilașul din pântec în mâna lui Dumnezeu, prin rugăciune. În acest caz, va trebui să lăsați copilașul să se nască dacă Dumnezeu nu lucrează după cum v-ați rugat.

Cei mai mulți copii avortați sunt mântuiți, dar există excepții

La șase luni de la concepție, fătul, chiar dacă are un duh, nu poate gândi, înțelege sau crede ceva de unul singur. Astfel, Dumnezeu mântuiește pe cei mai mulți feți care mor în această perioadă, indiferent de credința lor sau de cea a părinților lor.

Observați că am spus „pe cei mai mulți" – nu „pe toți" – feții deoarece, în situații rare, un făt s-ar putea să nu fie mântuit.

Un făt poate moșteni o fire foarte păcătoasă încă din momentul concepției dacă părinții săi sau cei din generațiile anterioare I s-au împotrivit lui Dumnezeu cu tărie și păcatele lor s-au adunat morman. În acest caz, fătul nu poate fi mântuit.

Un astfel de caz ar fi copilul unui magician sau al unor părinți făcători de rele, care blestemă și doresc numai răul altor oameni, cum ar fi Hee-bin Jang* din istoria Coreei (*Nota editorului în limba engleză: Doamna Jang a fost concubina Împăratului Sookjong în cea de-a doua jumătate a secolului al XVII-lea și care, din invidie, a blestemat împărăteasa). Din cauza invidiei, și-a blestemat rivala implântând săgeți într-un portret al acesteia. Copiii unor astfel de părinți răi nu pot fi mântuiți deoarece moștenesc firea păcătoasă a părinților.

De asemenea, sunt mulți oameni extrem de răi și în rândul celor credincioși. Aceștia se împotrivesc Duhului Sfânt, judecă greșit, condamnă și împiedică lucrarea Duhului Sfânt. Din cauză că sunt invidioși, ei încearcă să ucidă pe cei ce slăvesc numele lui Dumnezeu. Dacă copiii acestor oameni nu apucă să se nască din cauza unei pierderi de sarcină, nu vor putea fi mântuiți.

Cu excepția acestor cazuri rare, cei mai mulți copii nenăscuți sunt mântuiți. Cu toate acestea, ei nu pot intra în Cer, nici chiar în Rai, deoarece nu au fost cultivați pe acest pământ. Ei vor locui în mormântul de sus chiar și după ziua judecății dinaintea tronului mare și alb.

Un loc veșnic pentru bebelușii nenăscuți dar mântuiți

Feții avortați de la șase luni de sarcină încolo locuiesc în mormântul de sus și arată ca o foaie albă de hârtie deoarece nu au fost cultivați pe pământ. De aceea, ei vor locui în mormântul de sus și vor primi trupuri corespunzătoare cu sufletelor lor când va avea loc învierea.

Vor primi un trup care se va schimba și se va maturiza, spre deosebire de cei mântuiți care vor primi un trup spiritual veșnic. De aceea, chiar dacă la început vor avea forma unui copil, vor continua să crească până vor ajunge la o vârstă corespunzătoare.

Acești copii, chiar și după ce cresc, vor continua să locuiască în mormântul de sus, umplându-și sufletele de cunoștința adevărului. Ați putea înțelege mai bine acest lucru dacă ați face analogie cu starea inițială a lui Adam din Grădina Edenului și cu procesul de învățare prin care a trecut acesta.

Când a fost creat ca ființă vie, Adam a avut duh, suflet și trup. Cu toate acestea, trupul lui a fost diferit de trupul spiritual primit la înviere, iar sufletul lui a fost neștiutor, ca al unui nou-născut. Prin urmare, Dumnezeu Însuși l-a învățat pe Adam despre lucrurile spirituale și a umblat cu el o perioadă îndelungată.

În Grădina Edenului, Adam a fost creat fără a avea pic de răutate în el, dar sufletele din mormântul de sus nu sunt la fel de desăvârşite cum a fost Adam la început deoarece au moştenit deja firea păcătoasă de la părinţii lor, care au experimentat cultivarea umană timp de generaţii.

De la căderea în păcat a lui Adam încoace, toţi descendenţii lui au moştenit de la părinţi păcatul originar.

3. Nou născuţii şi copiii sub cinci ani

Cum pot fi mântuiţi copilaşii sub cinci ani când nu pot face diferenţa între bine şi rău şi nu ştiu încă ce înseamnă să aibă credinţă? Mântuirea acestor copilaşi depinde de credinţa părinţilor lor – în special de credinţa mamelor lor.

Un copil poate fi mântuit dacă părinţii lui au credinţa necesară pentru a fi mântuiţi şi dacă îşi învaţă copiii cum să aibă ei înşişi credinţă (1 Corinteni 7:14). Cu toate acestea, nu este adevărat faptul că un copil nu poate fi mântuit necondiţionat pe motiv că părinţii săi nu au avut o credinţă mântuitoare.

Acesta este un alt exemplu al dragostei lui Dumnezeu. În Genesa 25 vedem cum Dumnezeu a cunoscut mai dinainte faptul că Iacov urma să fie mai vrednic decât fratele său Esau încă de când se luptau în pântecele mamei lor. Dumnezeul Atotştiutor îi călăuzeşte pe calea mântuirii pe toţi copiii care mor înainte să împlinească cinci ani pe baza judecăţii cugetului. Acest lucru este posibil deoarece Dumnezeu ştie dacă copiii respectivi L-ar fi acceptat pe Domnul mai târziu în viaţă, când ar fi auzit

Evanghelia, în cazul în care ar fi trăit mai mult de cinci ani.

Cu toate acestea, copiii ai căror părinți nu au pic de credință și care nu trec testul judecății cugetului, vor fi trimiși inevitabil în mormântul de jos care aparține iadului și acolo vor fi chinuiți.

Judecata cugetului și credința părinților

Mântuirea copiilor depinde în mare parte de credința părinților lor. Astfel, părinții trebuie să își crească copiii potrivit cu voia lui Dumnezeu așa încât aceștia să nu sfârșească în iad.

Cu multă vreme în urmă, un cuplu care nu avusese copii, a născut un copil rezultat în urma unui legământ pe care l-au făcut în rugăciune. Dar, copilul a fost ucis prematur într-un accident de mașină.

Prin rugăciune, am aflat cauza morții copilului lor. Aceasta s-a datorat faptului că credința părinților s-a răcit și s-au depărtat de Dumnezeu. Copilul nu a putut merge la grădinița afiliată cu biserica deoarece părinții s-au dedat la un stil de viață lumesc. Prin urmare, copilul a început să cânte cântece lumești în loc de cântece de laudă la adresa lui Dumnezeu.

La acea vreme, copilul a avut credința necesară pentru a primi mântuire însă, dacă ar fi crescut sub influența părinților, nu ar putut fi mântuit. În această situație, prin accidentul de mașină, Dumnezeu l-a chemat pe copil la Sine în veșnicie și a dat părinților oportunitatea de a se pocăi. Dacă aceștia s-ar fi pocăit și s-ar fi întors la Dumnezeu fără să-și fi văzut copilul ucis în mod violent, El nu ar fi luat această măsură drastică.

Responsabilitatea părinților vizavi de creșterea spirituală a copiilor

Credința părinților este un factor care contribuie direct la mântuirea copiilor lor. Credința copiilor nu se poate dezvolta dacă părinții sunt nepăsători vizavi de creșterea lor spirituală și lasă acest lucru în grija școlii duminicale de la biserică.

Părinții trebuie să se roage pentru copiii lor, trebuie să vegheze ca aceștia să se închine în duh și adevăr și trebuie să îi învețe cum să facă din rugăciune o prioritate, ei înșiși fiind un exemplu pentru copiii lor.

Doresc să îi încurajez pe toți părinții să aibă o credință vie și să își crească copiii preaiubiți în cunoașterea lui Dumnezeu. Mă rog ca întreaga voastră familie să se bucure împreună de viața veșnică în Cer.

4. Copiii cu vârsta cuprinsă între șase și doisprezece ani

Cum pot fi mântuiți copiii cu vârsta cuprinsă între șase și doisprezece ani?

Acești copii sunt capabili să înțeleagă mesajul Evangheliei când îl aud și pot decide, prin voința și raționamentul propriu, ceea ce cred vizavi de Evanghelie chiar dacă nu înțeleg totul, ci numai în parte.

Vârsta copiilor în discuție nu este bătută în cuie, ci poate varia într-o oarecare măsură deoarece fiecare copil crește, se dezvoltă și se maturizează la vremea sa. Dar, este important de conştientizat faptul că, în mod normal, în jurul vârstei de doisprezece ani, copiii sunt capabili să aleagă, prin voinţă şi raţionament propriu, să creadă în Dumnezeu.

Credinţa personală a copiilor nu depinde de credinţa părinţilor

Copiii care au între şase şi doisprezece ani, sunt capabili să aleagă să creadă. De aceea, pot fi mântuiţi prin credinţa lor proprie, indiferent de credinţa părinţilor lor.

Astfel, copiii voştri vor merge în iad numai în cazul în care nu îi învăţaţi să umble pe calea mântuirii, chiar dacă voi înşivă aveţi o credinţă puternică. Unii copii au părinţi necredincioşi. În aceste cazuri, este mai greu pentru copii să fie mântuiţi.

Motivul pentru care fac deosebire între mântuirea copiilor înainte de vârsta pubertăţii şi după vârsta pubertăţii este acela că, prin dragostea abundentă şi nemărginită a lui Dumnezeu, judecata cugetului poate fi aplicată celor din prima categorie menţionată.

Dumnezeu le poate da acestor copii mai multe ocazii de a fi mântuiţi deoarece copiii de această vârstă nu pot decide asupra unor chestiuni prin propria voinţă şi raţiune dat fiind faptul că sunt încă sub influenţa părinţilor lor.

Copiii buni Îl acceptă pe Domnul când aud vestea Evangheliei şi primesc Duhul Sfânt. De asemenea, merg la biserică, dar acest lucru nu se prea poate întâmpla mai târziu în viaţă din cauza persecuţiilor drastice din partea părinţilor lor care se închină la idoli. Cu toate acestea, când ajung la primii ani de adolescență, ei sunt capabili să deosebească binele de rău prin propria lor voință, indiferent de intențiile părinților. Ei sunt capabili să-și mențină credința vie dacă cred cu adevărat în Dumnezeu în ciuda persecuțiilor și împotrivirilor din partea părinților.

Să presupunem că un copil, care ar fi avut o credință puternică dacă ar fi trăit mai mult, moare la o vârstă fragedă. Ce se va întâmpla cu el în acest caz? Dumnezeu îl va mântui prin legea judecății cugetului deoarece El cunoaște în profunzime inima copilului.

Dar, dacă un copil nu Îl acceptă pe Domnul în inimă și nu trece testul judecății cugetului, el nu va mai avea altă ocazie să decidă și va sfârși inevitabil în iad. În plus, se subînțelege faptul că mântuirea celor care au depășit vârsta pubertății depinde în totalitate de credința lor personală.

Copiii născuți în medii nefavorabile

Mântuirea unui copil care nu poate raționa logic sau corect depinde în mare parte de duhurile (natura, energia sau puterea) părinților sau a strămoșilor.

Un copil se poate naște cu tulburări mintale sau poate fi posedat de demoni încă de la o vârstă fragedă datorită faptului că strămoșii lui au dus o viață plină de nelegiure și idolatrie. Aceasta se datorează faptului că descendenții se află sub influența părinților și strămoșilor lor.

Despre acest lucru suntem avertizați în Deuteronom 5:9-10:

Să nu te închini înaintea lor și să nu le slujești, căci Eu, Domnul Dumnezeul tău, sunt un Dumnezeu gelos, care pedepsesc fărădelegea părinților în copii până la al treilea și la al patrulea neam al celor ce Mă urăsc; și Mă îndur până la al miilea neam de cei ce Mă iubesc și păzesc poruncile Mele.

De asemenea, în 1 Corinteni 7:14 ni se spune că *„bărbatul necredincios este sfințit prin nevasta credincioasă, și nevasta necredincioasă este sfințită prin fratele; altminteri, copiii voștri ar fi necurați, pe când acum sunt sfinți."*

Tot astfel, copiii ai căror părinți nu au credință sunt mântuiți foarte greu.

Deoarece Dumnezeu este dragoste, El nu îi respinge pe cei care cheamă numele Lui chiar dacă se nasc cu o fire nelegiuită moștenită de la părinți sau strămoși. Ei pot fi mântuiți deoarece Dumnezeu răspunde rugăciunilor lor când se pocăiesc, încearcă să trăiască continuu o viață după Cuvântul Lui și cheamă numele Lui cu stăruință.

Evrei 11:6 ne spune că *„fără credință, este cu neputință să fim plăcuți Lui! Căci cine se apropie de Dumnezeu trebuie să creadă că El este și că răsplătește pe cei ce-L caută."* Chiar dacă oamenii se nasc cu o fire nelegiuită, Dumnezeu le schimbă firea într-una bună și îi primește în Cer când aceștia se desfată în El făcând fapte bune și jertfindu-se cu credință.

Cei care nu Îl pot căuta pe Dumnezeu prin propriile puteri

Unii oameni nu Îl pot cauta pe Dumnezeu cu credință deoarece suferă de tulburări mintale sau sunt posedați de demoni. Ce se poate face într-o astfel de situație?

În astfel de cazuri, părinții sau alți membrii ai familiei trebuie să dea dovadă de un nivel înalt de credință pe care să o exerseze înaintea lui Dumnezeu în numele acelor oameni. Dumnezeul dragostei va deschide porțile mântuirii când va vedea credința și sinceritatea lor.

Părinții sunt responsabili de destinul unui copil dacă acesta moare înainte de a avea ocazia să fie mântuit. Prin urmare, vreau să vă îndemn cu tărie să luați aminte la faptul că este foarte important ca părinții să ducă o viață de credință nu numai pentru binele lor înșiși dar și pentru binele copiilor lor.

De asemenea, ar trebui să înțelegeți faptul că înaintea lui Dumnezeu, un suflet valorează mai mult decât lumea întreagă. Vă îndemn, dar, să umblați în dragoste nu numai față de copiii voștri, dar și față de copiii celor din jur sau ai fraților în credință.

5. Au fost Adam și Eva mântuiți?

Adam și Eva au fost izgoniți pe pământ după ce au păcătuit mâncând din pomul cunoștinței binelui și răului, și nu au avut vreodată șansa de a auzi vestea Evangheliei. Au fost ei mântuiți? Dați-mi voie să vă explic cum au fost mântuiți primii oameni,

Iadul

Adam și Eva.

Adam și Eva L-au neascultat pe Dumnezeu

La început, Dumnezeu i-a făcut pe primii oameni, Adam și Eva, după chipul Său și i-a iubit foarte mult. Dumnezeu a pregătit totul dinainte pentru ca ei să poată trăi o viață îmbelșugată și apoi i-a așezat în Grădina Edenului. Acolo, Adam și Eva nu au dus lipsă de nimic.

În plus, Dumnezeu i-a dat lui Adam multă putere și autoritate să stăpânească peste toate lucrurile din univers. Adam a stăpânit peste toate viețuitoarele de pe pământ, din văzduh și din apă. Dușmanul Satan și diavolul nu au îndrăznit să intre în Grădină pentru că era păzită și apărată sub autoritatea lui Adam.

Când a umblat cu ei, Dumnezeu Însuși i-a educat spiritual într-o manieră plină de bunătate – așa cum un tată își învață copii preaiubiți toate lucrurile, de la un A la Z. Adam și Eva nu au dus lipsă de nimic, dar au fost ispitiți de șarpele cel viclean și au mâncat din fructul interzis.

Au ajuns să experimenteze moartea potrivit Cuvântului lui Dumnezeu care a spus că vor muri negreșit (Genesa 2:17). Cu alte cuvinte, duhul lor a murit cu toate că înainte fuseseră duhuri vii. Ca urmare, au fost izgoniți din minunata Grădină a Edenului, pe pământ. Cultivarea umană a început pe acest pământ blestemat și tot atunci au fost blestemate toate celelalte lucruri.

Au fost mântuiți Adam și Eva? Unii oameni cred că aceștia nu au putut fi mântuiți deoarece toate lucrurile au fost blestemate și descendenții lor au avut de suferit în primul rând din cauza neascultării lor. Însă, Dumnezeul dragostei a lăsat deschisă poarta mântuirii chiar și pentru ei.

Pocăința deplină a lui Adam și a Evei

Dumnezeu vă iartă atâta vreme cât vă pocăiți din toată inima și vă întoarceți la El chiar dacă sunteți mânjiți cu tot felul de păcate originare și cu păcatele comise în timpul vieții din această lume plină de întuneric și nelegiuire. Dumnezeu vă iartă atâta vreme cât vă pocăiți din adâncul inimii și vă întoarceți la El chiar și dacă ați comis o crimă.

În comparație cu oamenii din ziua de azi, Adam și Eva aveau cu adevărat inimi pure și pline de bunătate. În plus, cu o dragoste delicată, Dumnezeu Însuși i-a învățat vreme îndelungată. Atunci, cum ar fi putut să îi trimită Dumnezeu pe Adam și Eva în iad fără să îi ierte odată ce s-au pocăit din adâncul inimii?

Adam și Eva au suferit mult în timp ce erau cultivați pe pământ. Trăiseră în pace și mâncaseră din orice fruct din Grădina Edenului oricând doreau; acum însă trudeau din greu și își câștigau hrana cu sudoarea feței. Eva urmă să nască în dureri mari. Ambii au plâns și au suferit mult de pe urma păcatelor lor. De asemenea, au experimentat pe propria piele uciderea unui fiu de către celălalt.

Cât de mult le lipsea viața din Grădina Edenului, unde fuseseră protejați și iubiți de Dumnezeu, acum când aveau parte de atâta agonie în această lume? Pe când trăiau în Grădina Edenului, nu și-au dat seama cât de fericiți erau și nu I-au mulțumit îndeajuns lui Dumnezeu deoarece au luat ca un lucru de apucat viața, belșugul și dragostea lui Dumnezeu.

Dar, acum când puteau conștientiza toată fericirea de care avuseseră parte, au început să Îi mulțumească lui Dumnezeu pentru bogăția dragostei cu care i-a binecuvântat. În cele din urmă, s-au pocăit pe deplin de păcatele lor din trecut.

Dumnezeu a deschis poarta mântuirii pentru ei

Plata păcatului este moartea, dar Dumnezeu, care domnește cu dragoste și dreptate, iartă păcatele atâta vreme cât oamenii se pocăiesc pe deplin.

Dumnezeul dragostei le-a îngăduit lui Adam și Evei să intre în Cer după ce s-au pocăit. Cu toate acestea, mântuirea lor a fost ca prin foc și au ajuns doar în Rai din cauză că Dumnezeu este în același timp și drept. Păcatul lor – lepădarea de dragostea cea mare a lui Dumnezeu – nu a fost un lucru neînsemnat. Prin neascultarea lor, Adam și Eva au devenit responsabili de nevoia cultivării umane, precum și de suferința, durerea și moartea descendenților lor.

Chiar dacă prin providența Sa, Dumnezeu le-a îngăduit lui Adam și Eva să mănânce din pomul cunoștinței binelui și răului, acest act de neascultare a adus suferință și moarte asupra tuturor oamenilor. De aceea, Adam și Eva nu au putut intra într-un loc mai bun decât Raiul și, bineînțeles, nu au primit nicio răsplată minunată.

Dumnezeu lucrează cu dragoste și dreptate

Haideți să ne uităm la dragostea și dreptatea lui Dumnezeu luând ca exemplu cazul apostolului Pavel.

Înainte de a-L întâlni pe Isus, apostolul Pavel, care era conducătorul principal al mișcării de persecutare a celor care credeau în Isus, i-a pus pe mulți în închisoare. Când Ștefan era martirizat în timp Îl mărturisea pe Domnul, Paul privea cum era omorât cu pietre și credea că acest lucru era îndreptățit.

Dar mai apoi, Pavel s-a întâlnit cu Domnul și L-a primit în viața sa pe drumul Damascului. La acea vreme, Domnul i-a spus ca urma să fie un apostol pentru Neamuri și că va suferi mult. De atunci încolo, Pavel s-a pocăit pe deplin și și-a sacrificat tot restul vieții pentru Domnul.

El a putut intra în Noul Ierusalim deoarece și-a îndeplinit lucrarea cu bucurie, în pofida îndelungii suferințe, și a fost credincios până într-acolo încât și-a dat viața pentru Domnul.

Una din legile firești ale lumii în care trăim este că secerăm ceea ce semănăm. Același lucru este adevărat și în lumea spirituală. Veți secera bunătate dacă ați semănat bunătate și veți secera răutate dacă ați semănat răutate.

După cum vedeți din cazul lui Pavel, trebuie să luați aminte la inima voastră, să stați treji și să nu uitați că vor veni asupra voastră încercări rezultate din faptele rele comise în trecut, chiar dacă ați fost iertați pentru că v-ați pocăit pe deplin.

6. Ce s-a întâmplat cu primul ucigaş, Cain?

Ce s-a întâmplat cu primul ucigaş, Cain, care a murit fără să fi auzit vreodată Evanghelia? Haideţi să vedem dacă a fost mântuit prin judecata cugetului.

Fraţii Cain şi Abel au adus o jertfă lui Dumnezeu

Adam şi Eva au avut copii pe pământ, după ce au fost izgoniţi din Grădina Edenului: Cain a fost primul născut, iar Abel a fost fratele său mai tânăr. După ce au crescut, au adus jertfe lui Dumnezeu. Cain a adus o jertfă din roadele pământului, dar Abel a adus o jertfă din grăsimea animalelor întâi născute din turma lui.

Dumnezeu a privit cu plăcere spre Abel şi jertfa lui, dar nu şi spre Cain şi jertfa lui. De ce a privit Dumnezeu cu plăcere spre Abel şi jertfa lui?

Jertfele trebuie aduse în conformitate cu voia lui Dumnezeu. Potrivit legii lumii spirituale, oamenii trebuie să Îl slăvească pe Dumnezeu cu sângele unei jertfe care să poată oferi iertare. De aceea, în vremurile vechi testamentale, oamenii au jertfit boi sau miei când se închinau înaintea lui Dumnezeu, iar în vremurile nou testamentale, Isus – Mielul lui Dumnezeu – a devenit jertfa de ispăşire pentru păcat şi a plătit cu însăşi sângele Său.

Dumnezeu vă primeşte cu plăcere, vă răspunde la rugăciuni şi vă binecuvintează când vă închinaţi Lui în duh, ceea ce corespunde jertfei de sânge. Jertfa spirituală este proslăvirea lui Dumnezeu în duh şi adevăr. Dumnezeu nu primeşte închinarea voastră cu plăcere dacă adormiți sau dacă vă gândiți la tot felul de alte lucruri în timpul serviciului divin.

Dumnezeu a privit cu plăcere la Abel și jertfa sa

Adam și Eva au cunoscut foarte bine cerințele legii spirituale cu privire la jertfa adecvată deoarece Dumnezeu îi învățase legea în Grădina Edenului timp îndelungat, când umblase cu ei. Cu siguranță că, mai apoi, aceștia și-au învățat copiii despre jertfa adecvată înaintea lui Dumnezeu.

Pe de-o parte, Abel a adus lui Dumnezeu o jertfă de sânge în semn de ascultare față de ceea ce l-au învățat părinții. Pe de altă parte, Cain nu a adus o jertfă potrivită, ci una din roadele pământului, pe care a ales-o de unul singur.

Referitor la acest lucru, Evrei 11:4 spune: *„Prin credință a adus Abel lui Dumnezeu o jertfă mai bună decât Cain. Prin ea a căpătat el mărturia că este neprihănit, căci Dumnezeu a primit darurile lui. Și prin ea vorbește el încă, măcar că este mort."*

Dumnezeu a primit jertfa lui Abel deoarece acesta s-a închinat în duh, ascultând de voia Lui cu credință. Dar, Dumnezeu nu a primit jertfa lui Cain deoarece acesta nu s-a închinat în duh, ci a adus o jertfă potrivită cu standardele și metodele proprii.

Cain l-a ucis pe Abel din invidie

Când a văzut că Dumnezeu a primit jertfa fratelui său dar nu pe a sa, Cain s-a înfuriat foarte tare și fața i s-a posomorât. În cele din urmă, l-a atacat pe Abel și l-a ucis.

În prima generație de după începerea cultivării umane pe pământ, neascultarea a dat naștere la invidie, invidia a dat naștere la lăcomie și ură, iar lăcomia și ura au condus la ucidere. Cât de îngrozitor este acest lucru?

Puteți vedea cât de repede se umplu de păcat inimile oamenilor odată ce au permis păcatului să locuiască acolo. Din acest motiv, ar trebui să vă împotriviți oricărui păcat care poate intra în inimă, indiferent cât de neînsemnat ar fi, și ar trebui să vă lepădați de el imediat.

Ce s-a întâmplat cu primul ucigaș, Cain? Unii susțin că acesta nu a putut fi mântuit deoarece l-a ucis pe Abel, fratele său neprihănit.

Cain a știut cine era Dumnezeu de la părinții lui. În comparație cu oamenii din zilele noastre, oamenii de pe vremea lui Cain au moștenit de la părinți un păcat originar relativ neînsemnat. Cain, chiar dacă și-a omorât fratele într-o clipită, mânat de invidie, totuși, avea o conștiință curată.

De aceea, chiar dacă comisese o crimă, Cain s-a putut pocăi în urma pedepsei primite de la Dumnezeu, iar Dumnezeu S-a îndurat de el.

Cain a fost mântuit după ce s-a pocăit pe deplin

În Genesa 4:11-15, Cain stăruiește pe lângă Dumnezeu, spunând că pedeapsa este prea mare, și cere îndurarea Lui când este blestemat și devine un fugar pe fața pământului. Dumnezeu îi răspunde astfel: *„dacă va omorî cineva pe Cain, Cain să fie* *răzbunat de şapte ori."* Apoi, Dumnezeu a hotărât un semn pentru Cain, ca oricine îl va găsi să nu-l omoare.

Aici ar trebui să vă daţi seama cât de profundă a fost pocăinţa lui Cain după ce îşi omorâse fratele. Fără pocăinţă, Cain nu ar fi putut comunica cu Dumnezeu, iar Dumnezeu nu l-ar fi însemnat pe Cain ca dovadă a iertării Sale. Dacă Cain ar fi fost o cauză pierdută şi ar fi trebuit să ajungă oricum în iad, atunci de ce ar mai sta Dumnezeu la poveşti cu el, ascultându-i pledoaria şi hotărând un semn pentru el?

Cain a trebuit să devină un fugar fără odihnă pe pământ ca pedeapsă pentru uciderea fratelui său, dar, la final, a primit mântuirea prin pocăinţa de păcat. Cu toate acestea, asemenea lui Adam, Cain a fost mântuit ca prin foc şi a fost lăsat să locuiască doar la periferia Raiului, nicidecum în centru.

Dumnezeul cel drept nu i-a putut îngădui lui Cain să intre într-un loc mai bun decât Raiul, în pofida pocăinţei lui. Chiar dacă a trăit într-o vreme când era mai multă neprihănire şi mai puţin păcat, Cain a fost, totuşi, destul de nelegiuit încât să-şi ucidă propriul frate.

Cu toate acestea, Cain ar fi putut să intre într-un loc mai bun din Cer dacă şi-ar fi cultivat inima cea rea într-una bună şi dacă s-ar fi străduit să fie plăcut lui Dumnezeu din răsputeri şi cu toată inima. Dar, conştiinţa lui Cain nu a fost suficient de bună şi curată.

De ce nu-i pedepseşte Dumnezeu pe cei răi imediat?

Vă puneţi poate multe întrebări în timpul vieţii de credinţă.

Unii oameni sunt foarte răi, dar Dumnezeu nu îi pedepsește. Alții suferă de boli sau mor din cauza răutății lor. Unii mor la o vârstă fragedă în pofida faptului că par a fi foarte credincioși lui Dumnezeu.

De exemplu, împăratul Saul a avut suficientă răutate în inimă încât a vrut să-l omoare pe David chiar dacă știa că acesta fusese uns de Dumnezeu, însă El nu l-a pedepsit. Prin urmare, Saul l-a prigonit pe David și mai mult.

Acesta este un exemplu al înțelepciunii divine izvorâte din dragostea Sa. Dumnezeu a vrut să îl pregătească pe David ca să devină un instrument important în lucrarea Sa și să îl facă împărat folosindu-se de răutatea lui Saul. Când instruirea lui David a fost completă, împăratul Saul a murit.

Astfel, de la caz la caz, Dumnezeu îi pedepsește pe unii imediat, iar altora le îngăduie să trăiască nepedepsiți. Fiecare lucru este hotărât prin voia și dragostea lui Dumnezeu.

Ar trebui să vă doriți un loc mai bun în Cer

În Ioan 11:25-26, Isus a spus: *„Eu sunt Învierea și Viața. Cine crede în Mine, chiar dacă ar fi murit, va trăi. Și oricine trăiește și crede în Mine nu va muri niciodată. Crezi lucrul acesta?"*

Cei care au fost mântuiți în urma acceptării mesajului Evangheliei vor învia cu siguranță, vor primi un trup spiritual și se vor bucura de slava veșnică din Cer. Cei care încă sunt în viață, pe pământ, vor fi ridicați în văzduh și Îl vor întâmpina pe Domnul când El va coborî din Cer. Cu cât vă veți asemăna mai mult chipului lui Dumnezeu, cu atât veți primi un loc mai bun în Cer.

În Matei 11:12, Isus vorbește despre acest lucru când spune că *„din zilele lui Ioan Botezătorul până acum, Împărăția cerurilor se ia cu năvală, și cei ce dau năvală pun mâna pe ea."* În Matei 16:27, Isus ne face următoarea promisiune: *„Fiul omului are să vină în slava Tatălui Său cu îngerii Săi; și atunci va răsplăti fiecăruia după faptele lui."* De asemenea, în 1 Corinteni 15:41 ni se spune: *„Alta este strălucirea soarelui, alta strălucirea lunii, și alta este strălucirea stelelor; chiar o stea se deosebește în strălucire de altă stea."*

Nici n-ați putea să nu vă doriți un loc cât mai bun în Cer. Trebuie să vă străduiți cât mai mult să deveniți mai sfinți și mai credincioși în toată casa lui Dumnezeu astfel încât să puteți intra în Noul Ierusalim unde este așezat scaunul de domnie al lui Dumnezeu. Asemenea unui fermier la vremea secerișului, Dumnezeu dorește ca, prin cultivarea umană de pe pământ, un număr cât mai mare de oameni să ajungă într-o Împărăție a Cerurilor mai bună.

Trebuie să cunoașteți bine lumea spirituală pentru a putea intra în Cer

Oamenii care nu L-au cunoscut pe Dumnezeu sau pe Isus Cristos nu prea ajung în Noul Ierusalim chiar dacă au fost mântuiți în urma judecății cugetului.

Sunt oameni care nu sunt familiari cu conceptul divin de

cultivare umană, sau nu cunosc inima lui Dumnezeu, nici lumea spirituală, cu toate că au auzit mesajul Evangheliei. De aceea, ei nu știu că Împărăția cerurilor se ia cu năvală, iar cei ce dau năvală pun mâna pe ea, nici nu au nădejdea intrării în Noul Ierusalim.

Dumnezeu ne spune în Apocalipsa 2:10: *„Fii credincios până la moarte, și-ți voi da cununa vieții."* Dumnezeu vă va răsplăti din belșug în Cer, potrivit cu ceea ce ați semănat. Răsplata este foarte prețioasă deoarece va dăinui etern, iar slava ei nu va pieri niciodată.

Dacă rețineți acest lucru, vă veți putea pregăti ca o mireasă frumoasă pentru Domnul, asemenea celor cinci fecioare înțelepte, și veți putea deveni oameni ai duhului deplin.

În 1 Tesaloniceni 5:23 citim: *„Dumnezeul păcii să vă sfințească El însuși pe deplin; și duhul vostru, sufletul vostru și trupul vostru să fie păzite întregi, fără prihană, la venirea Domnului nostru Isus Hristos."*

De aceea, trebuie să vă pregătiți cu sârguință ca o mireasă a Domnului și să deveniți oameni ai duhului deplin înainte de venirea Domnului Isus Cristos sau înainte de momentul în care Dumnezeu vă va chema sufletul la El, indiferent care va avea loc mai înainte.

Nu este suficient dacă mergeți la biserică în fiecare duminică și ziceți: „Eu cred." Trebuie să vă lepădați de orice fel de păcat și să fiți credincioși în toată casa lui Dumnezeu. Cu cât sunteți mai plăcuți înaintea lui Dumnezeu, cu atât veți primi un loc mai bun în Cer.

Vă îndemn să deveniți copii adevărați ai lui Dumnezeu acum

că citiți aceste lucruri. Mă rog, în numele Domnului să umblați cu Domnul nu numai aici pe pământ, dar și să locuiți mai aproape de tronului lui Dumnezeu, pentru totdeauna, în Cer.

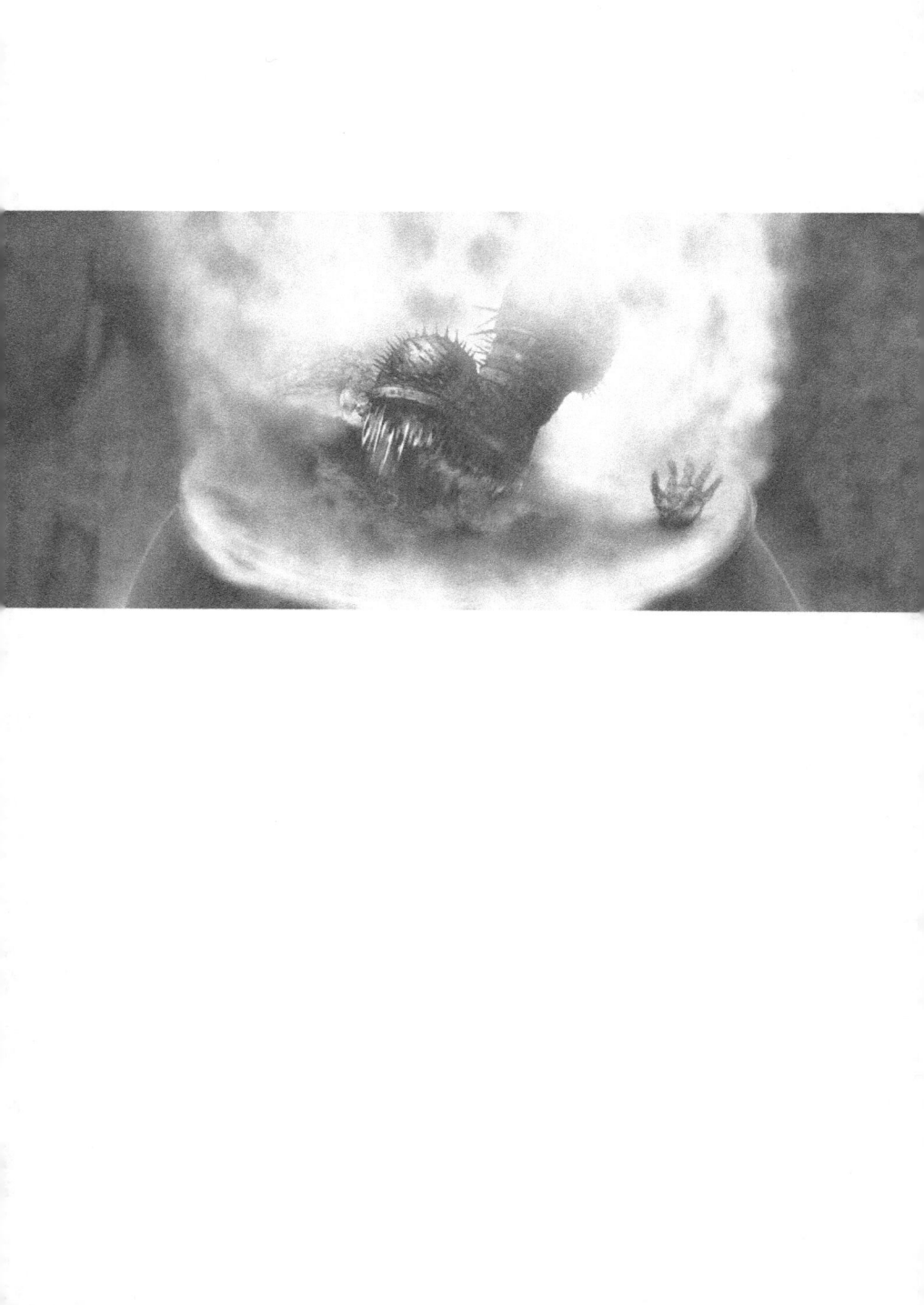

Capitolul 3

Mormântul de jos și identitatea mesagerilor iadului

1. Mesagerii iadului duc oameni în mormântul de jos
2. Un loc de așteptare în drum spre lumea duhurilor rele
3. Pedepsele diferite din mormântul de jos pentru felurite păcate
4. Lucifer stăpânește peste mormântul de jos
5. Identitatea mesagerilor iadului

*Căci dacă n'a cruțat Dumnezeu
pe îngerii cari au păcătuit, ci i-a aruncat
în Adînc, unde stau înconjurați de întunerec,
legați cu lanțuri și păstrați pentru judecată;*
- 2 Petru 2:4 -

*Cei răi se întorc la locuința morților:
toate neamurile cari uită pe Dumnezeu.*
- Psalmi 9:18 -

În fiecare an, la culesul roadelor, fermierii așteaptă cu bucurie o recoltă bună. Însă, este greu să recolteze mereu grâu de primă calitate, chiar dacă ar putea lucra din greu zi după zi și noapte după noapte, folosind îngrășăminte, curățând buruienile și așa mai departe. La recoltă vor avea și grâu de calitatea a doua, a treia, chiar și pleavă.

Oamenii nu pot mânca pleavă. În plus, ea nu poate fi strânsă împreună cu grâul pentru că îl va contamina. De aceea, fermierul adună pleava și o arde sau o folosește ca furaj.

Tot așa este și în procesul de cultivare umană de pe pământ. Dumnezeu caută copii adevărați, care să fie după chipul și asemănarea sfântă și desăvârșită a Sa. Totuși, unii oameni nu se leapădă complet de păcate, iar alții sunt acaparați complet de rău și nu mai fac ceea ce este de datoria omului. Dumnezeu dorește copii sfinți și adevărați, dar îi duce în Cer și pe cei care au murit înainte de a se fi lepădat complet de păcate, atâta timp cât au încercat să trăiască prin credință.

Pe de-o parte, chiar dacă scopul primordial al lui Dumnezeu este acela de a cultiva și a aduna doar copiii adevărați, El nu trimite oameni în iadul cel groaznic dacă au credință cât un grăunte de muștar și se încred în sângele lui Isus Cristos. Pe de altă parte, cei care nu cred în Isus Cristos și se împotrivesc lui Dumnezeu până la sfârșit nu au altă opțiune decât să meargă în iad fiindcă au ales calea pierzării datorită răului din ei înșiși.

Însă, cum vor fi duse sufletele nemântuite în mormântul de jos și ce pedepse vor primi acolo? Voi descrie în detaliu mormântul de jos și identitatea mesagerilor din iad.

1. Mesagerii iadului duc oameni în mormântul de jos

Pe de-o parte, când moare un om mântuit care are credință, doi îngeri vin și îl conduc la mormântul de sus care aparține Cerului. În Luca 24:4, vedem că doi îngeri Îl așteptau pe Isus după moarte și înviere. Pe de altă parte, când moare un om nemântuit, doi mesageri ai iadului vin și-l conduc la mormântul de jos. Este posibil, de obicei, să se vadă pe patul morții dacă un om este mântuit sau nu, după expresia feței.

Clipele dinaintea morții

Oamenilor li se deschid ochii spirituali înaintea clipei morții. Persoana moare în pace, cu un zâmbet pe față, de parcă ar vedea îngeri strălucitori, iar trupul neînsuflețit nu se înțepenește repede. Chiar după două, trei zile, trupul nu intră în putrefacție, nici miroase și parcă încă are viață.

Însă, cât de înfricoșați și înspăimântați sunt oamenii nemântuiți când văd mesagerii iadului? Mor îngroziți și nu-și pot închide ochii.

Dacă un om nu are siguranța mântuirii, îngerii și mesagerii iadului se luptă pentru acel suflet să îl ducă în locul de unde au venit. De aceea, un astfel de om este foarte neliniștit până în momentul morții. Cât de tulburat și îngrozit trebuie să fie când îi vede pe mesagerii iadului cum îl acuză neîncetat, spunând: „Nu are niciun pic de credință ca să fie mântuit?"

Când un om cu credință mică este pe patul morții, oamenii

cu credință mai mare trebuie să-l ajute să creadă mai mult prin laudă și închinare. Este posibil ca el să fie mântuit chiar pe patul morții, prin credință, deși va primi mântuirea mai puțin onorabilă și ajunge doar în Rai.

Veți putea vedea cum omul de pe patul morții se umple de pace pentru că primește credință pentru a fi mântuit, în timp ce alți credincioși se închină și-L laudă pe Dumnezeu în locul lui și pentru el. Când un om cu o credință puternică este pe patul morții, nu este nevoie să fie ajutat să aibă credință sau să și-o mărească. Este mai bine să îl încurajați să fie plin de nădejde și bucurie.

2. Un loc de așteptare în drum spre lumea duhurilor rele

Chiar și un om cu o credință foarte slabă poate fi mântuit dacă ajunge să aibă o credință mai puternică prin laudă și închinare pe patul său de moarte. Însă, dacă nu este mântuit, mesagerii iadului îl conduc la locul de așteptare din mormântul de jos pentru a se obișnui cu lumea duhurilor rele.

După cum sufletele mântuite au trei zile de acomodare în mormântul de sus, tot astfel, și cele nemântuite stau trei zile în locul de așteptare, care se aseamănă cu adâncul din mormântul de jos.

Trei zile de acomodare petrecute în locul de așteptare

Locul de așteptare din mormântul de sus, unde sufletele

mântuite stau timp de trei zile, este plin de bucurie, pace și nădejde pentru viața de apoi. În schimb, locul de așteptare din mormântul de jos este la polul opus.

Sufletele nemântuite trăiesc în dureri de nesuportat și primesc tot felul de pedepse potrivit cu faptele pe care le-au făcut pe pământ. Înainte să ajungă în mormântul de jos, ei se pregătesc timp de trei zile, în locul de așteptare, pentru viața din lumea duhurilor rele. Aceste trei zile petrecute în locul de așteptare nu sunt deloc ușoare și marchează începutul unei vieți veșnice pline de durere.

Diferite soiuri de păsări cu ciocuri mari și ascuțite lovesc aceste suflete. Păsările de aici au o natură spirituală, sunt foarte urâte și dezgustătoare și nu se aseamănă cu păsările din lumea noastră.

Sufletele nemântuite sunt deja separate de trupul pământesc, prin urmare, poate vă gândiți că nu mai simt durerea. Însă, păsările din locul de așteptare sunt ființe spirituale de aceea le pot răni.

De câte ori păsările lovesc cu ciocul sufletele, le sfâșie și le jupoaie trupurile. Sufletele încearcă să se apere de loviturile ciocurilor dar nu reușesc. Încearcă doar să se ferească și se ghemuiesc, scoțând strigăte de durere. Uneori păsările vin să le scoată ochii.

3. Pedepsele diferite din mormântul de jos pentru felurite păcate

După cele trei zile petrecute în locul de așteptare, sufletele nemântuite sunt repartizate în diferite locuri de pedeapsă în mormântul de jos, în funcție de păcatele pe care le-au făcut în lumea aceasta. Cerul este foarte întins. Iadul este la rândul lui spațios, astfel că are nenumărate locuri separate pentru a găzdui suflete nemântuite chiar și în mormântul de jos, care este doar o parte din iad.

Diferite locuri de pedeapsă

În mare, mormântul de jos este un loc întunecos și jilav, iar sufletele pot simți acolo căldura dogoritoare. Cei nemântuiți vor fi chinuiți neîncetat prin bătăi, lovituri cu ciocul și jupuire.

În această lume, dacă vă pierdeți o mână sau un picior, va trebui să trăiți fără ele. Odată ce muriți, agonia și dificultatea de a trăi fără vreun membru vor dispărea. Însă, în mormântul de jos, dacă vi se taie gâtul, acesta se va regenera. Chiar dacă vi se taie o parte din trup, aceasta se va regenera. După cum nu puteți tăia apa nici măcar cu cel mai ascuțit cuțit din lume, tot astfel, nici o tortură, jupuire sau sfâșiere a trupului nu pot pune capăt agoniei.

Ochii vă vor fi reîntregiți după ce păsările îi ciugulesc și, chiar dacă sunteți atât de răniți încât intestinele vă ies afară din burtă, veți fi regenerați. Sângele vă va curge fără încetare în timp ce sunteți chinuiți, dar nu veți putea muri pentru că veți primi sânge din nou. Acest ciclu oribil vă va chinui în mod repetat.

Din această cauză, se formează un râu de sânge care vine de la sufletele aflate în mormântul de jos. Nu uitați că duhul este nemuritor. Când oamenii sunt chinuiți la nesfârșit și durerea persistă o veșnicie. Sufletele cerșesc moartea, dar nu pot și nu li se dă voie să moară. Datorită chinurilor nesfârșite, mormântul de jos este plin de strigătele și gemetele oamenilor și de un miros de sânge și putreziciune.

Strigăte pline de agonie în mormântul de jos

Presupun că unii dintre voi ați trecut voi înșivă prin războaie. Dacă nu, este foarte posibil să fi văzut în filme cu război sau în documentarii istorice scene înfiorătoare cu plânsete și țipete de durere. Oamenii răniți zac peste tot. Unii au rămas fără mâini sau fără picioare. Ochii le-au ieșit din orbite, chiar și creierul le-a fost împrăștiat. Nimeni nu știe când focul de artilerie va cădea din nou peste ei. Locul este plin cu fum de artilerie înăbușitor, cu miros de sânge, cu gemete și strigăte. Oamenii numesc o astfel de priveliște „iadul pe pământ."

Totuși, priveliștea din mormântul de jos este mai înfiorătoare decât cele mai oribile scene de pe orice câmp de luptă de pe pământ. Mai mult decât atât, sufletele din mormântul de jos suferă nu numai din cauza torturilor prin care trec în momentul respectiv, dar și de frica celor pe care urmează să le sufere.

Din cauză că torturile sunt imposibil de suportat, acești oameni încearcă să evadeze din această situație, dar este în zadar. Ce îi așteaptă este doar focul arzător și pucioasa din groapa iadului.

Vor fi foarte trişti şi plini de regrete şi când vor vedea focul şi pucioasa din iad. Se vor gândi: „Ar fi trebuit să cred când mi s-a vestit Evanghelia... Nu ar fi trebuit să păcătuiesc...!" Însă, în acest loc nu mai există o a doua şansă, nici posibilitatea de a fi mântuit.

4. Lucifer stăpâneşte peste mormântul de jos

Nimeni nu îşi poate închipui ce tipuri de pedepse sunt mormântul de jos şi ce proporţii iau acestea. După cum pe pământ sunt folosite diferite metode de tortură, tot la fel este şi în mormântul de jos.

Unii suferă pentru că le putrezesc trupurile, alţii au trupurile mâncate şi pişcate de insecte şi gângănii, sau li se suge sângele. Alţii sunt ţintuiţi pe pietre încinse sau trebuie să stea pe nisipuri cu temperaturi de şapte ori mai înalte decât cele de pe plajele sau deşerturile din lumea aceasta. În unele situaţii, înşişi mesagerii iadului sunt cei care chinuie oamenii. Alte metode de tortură folosesc apa, focul sau includ modalităţi şi dispozitive de neimaginat.

Dumnezeul dragostei nu domneşte în acest loc cu suflete nemântuite. El a dat duhurilor rele autoritatea să stăpânească peste acest loc. Căpetenia duhurilor rele, Lucifer, stăpâneşte peste mormântul de jos, unde urmează să locuiască sufletele care au fost ca pleava. Aici nu există milă sau îndurare, iar Lucifer controlează fiecare aspect al mormântului de jos.

Identitatea lui Lucifer, căpetenia duhurilor rele

Cine este Lucifer? El fusese un arhanghel pe care Dumnezeu l-a iubit nespus de mult și l-a numit „*fiu al zorilor*" (Isaia 14:12). Cu toate acestea, el s-a răzvrătit împotriva lui Dumnezeu și a devenit căpetenia duhurilor rele.

Îngerii din Cer nu au nici natură omenească și nici voință liberă. Prin urmare, ei nu pot face alegeri prin propria lor voință, ci urmează porunci ca niște roboți. Totuși, Dumnezeu dă unor îngeri abilități omenești și Își împărtășește dragostea cu ei. Lucifer a fost unul dintre acești îngeri, el fiind responsabil cu muzica cerească. L-a lăudat pe Dumnezeu cu vocea sa minunată și cu instrumente muzicale, cântând spre slava Lui.

Cu timpul, însă, a devenit arogant datorită dragostei deosebite pe care Dumnezeu i-o arăta, iar dorința de a deveni mai puternic decât Dumnezeu și de a fi mai presus de El l-a făcut să se răzvrătească, în final, împotriva Lui.

Lucifer s-a împotrivit lui Dumnezeu și s a răzvrătit

Biblia ne spune că un număr mare de îngeri i s-au alăturat lui Lucifer (2 Petru 2:4; Iuda 1:6). Dintre nenumărații îngeri din Cer, o treime l-a urmat pe Lucifer. Vă puteți imagina astfel cât de mulți îngeri au trecut de partea lui Lucifer care se răzvrătise împotriva lui Dumnezeu din pricina aroganței lui.

Cum a fost posibil, totuși, ca nenumărați îngeri să-l urmeze pe Lucifer? Ați putea înțelege cu ușurință acest lucru dacă ați ști faptul că îngerii ascultă comenzile în același fel în care o fac roboții și mașinăriile.

La început, Lucifer a câștigat sprijinul unor căpetenii ale îngerilor care se aflau sub directa lui îndrumare și mai apoi i-a câștigat și pe cei aflați sub conducerea acestor îngeri.

Dintre ființele spirituale care l-au urmat pe Lucifer în răzvrătirea sa, pe lângă acești îngeri, au fost balauri și o parte din ieruvimi. Lucifer s-a împotrivit lui Dumnezeu dar, în cele din urmă, a fost învins și izgonit din Cer, unde se afla, împreună cu cei care l-au urmat. După aceea, au fost aruncați în Adânc, până la vremea în care aveau să fie folosiți în cultivarea umană.

Cum ai căzut din cer, Luceafăr strălucitor, fiu al zorilor! Cum ai fost doborât la pământ, tu, biruitorul neamurilor! Tu ziceai în inima ta: ,,Mă voi sui în cer, îmi voi ridica scaunul de domnie mai presus de stelele lui Dumnezeu; voi ședea pe muntele adunării dumnezeilor, la capătul miazănoaptei; mă voi sui pe vârful norilor, voi fi ca Cel Prea Înalt." Dar ai fost aruncat în locuința morților, în adâncimile mormântului! (Isaia 14:12-15)

Lucifer era nespus de frumos când se afla în Cer, înconjurat de dragostea nemărginită a lui Dumnezeu. Însă, după ce s-a răzvrătit, a devenit urât și înfricoșător.

Oamenii care l-au văzut pe Lucifer cu ochii spirituali spun că este atât de urât încât produce repulsie de la prima vedere. Arată lugubru, cu părul nepieptănat, ridicat foarte sus și vopsit în mai multe culori cum ar fi roșu, alb și galben.

Azi, Lucifer îi îndeamnă pe oameni să-l imite în ce priveşte îmbrăcămintea şi frizura. Când dansează, aceşti oamenii devin sălbatici, dezlănţuiţi şi urâţi, arătând cu degetele.

Acestea sunt curente din vremurile noastre pe care le creează Lucifer şi le răspândeşte prin intermediul mass-mediei şi al culturii. Din păcate, aceste tendinţe pot afecta sentimentele oamenilor şi îi pot conduce spre haos. Mai mult, această modă îi înşeală pe oameni şi îi face să se îndepărteze de Dumnezeu şi chiar să-L renege.

Copiii lui Dumnezeu trebuie să fie diferiţi şi să nu se ia după mersul lumii. Dacă preluaţi tendinţele lumeşti, îndepărtaţi dragostea lui Dumnezeu de la voi pentru că lucrurile lumeşti vă acaparează inima şi gândurile (1 Ioan 2:15).

Duhurile rele fac din mormântul de jos un loc înspăimântător

Dumnezeul dragostei este bunătatea însăşi. El pregăteşte toate lucrurile pentru noi în voia şi planul Său bun şi înţelept. El doreşte ca noi să trăim pentru totdeauna într-o fericire desăvârşită, în Cerul frumos. În contrast, Lucifer este răutatea însăşi. Duhurile rele, care îl urmează pe Lucifer se gândesc întotdeauna cum să chinuie oamenii mai rău. În înţelepciunea lor drăcească, ei fac din mormântul de jos un loc şi mai groaznic prin faptul că găsesc tot felul de metode de tortură.

De-a lungul istoriei, chiar şi pe pământ, oamenii au inventat tot felul de metode de tortură, care mai de care mai pline de cruzime. În perioada în care Japonia a ocupat Coreea, japonezii au torturat liderii coreeni ai mișcării naționale de independență înțepându-i sub unghii cu ace de bambus sau smulgându-le unghiile de la mâni sau de la picioare, una câte una. Apoi, le mai turnau un amestec de ardei iute și apă în nări și ochi în timp ce erau atârnați cu capul în jos. Camerele de tortură erau îmbâcsite de un miros dezgustător de piele arsă deoarece japonezii îi torturau pe acești lideri coreeni pârlindu-i cu fier înroșit. Erau bătuți atât de rău încât le ieșeau organele interne din burtă.

Cum au fost torturați criminalii de-a lungul istoriei Coreei? Li se deformau picioarele. Criminalul era legat de glezne și genunchi, iar apoi erau plasate două bucăți de lemn între gambe. Când bucățile de lemn erau răsucite oasele picioarelor criminalului erau zdrobite în bucăți. Vă puteți imagina cât putea fi de dureros?

Torturile la care oamenii îi supun pe alții merg până unde îi duce imaginația. Cu cât mai groaznice și pline de cruzime vor fi chinurile la care îi vor supune pe oameni duhurile rele, din moment ce ele au mult mai multe cunoștințe și abilități de a tortura sufletele nemântuite. Pentru aceste duhuri este o plăcere să găsească metode diferite de tortură și se le aplice sufletelor nemântuite.

Din acest motiv, trebuie să cunoașteți lumea duhurilor necurate. Astfel, veți putea să le stăpâniți și să le biruiți. Le puteți învinge cu ușurință dacă rămâneți sfinți și fără prihană, fără să vă asemănați chipului lumii acesteia.

5. Identitatea mesagerilor iadului

Cine sunt mesagerii iadului care chinuie oamenii nemântuiți în mormântul de jos? Sunt îngeri căzuți, care se aflau sub stăpânirea lui Lucifer și care l-au urmat pe acesta în răzvrătirea lui dinainte de începerea lumii.

El a păstrat pentru judecata zilei celei mari, puși în lanțuri veșnice, în întuneric, pe îngerii care nu și-au păstrat vrednicia, ci și-au părăsit locuința (Iuda 1:6).

Îngerii căzuți nu pot să vină în lume după bunul plac pentru că Dumnezeu i-a legat în întuneric până în ziua judecății dinaintea scaunului alb de domnie. Unii oameni susțin că demonii sunt tot îngeri căzuți, dar nu este adevărat. Demonii sunt suflete nemântuite care au fost eliberate din mormântul de jos în circumstanțe speciale. Voi intra în detalii în capitolul 8.

Îngerii care au fost izgoniți împreună cu Lucifer

Dumnezeu i-a legat în întuneric – iad – pe îngerii căzuți, în vederea judecății. Astfel, ei nu pot veni în lume decât pentru ocazii deosebite.

Ei au fost foarte frumoși până când s-au răzvrătit împotriva lui Dumnezeu. Însă, după cădere, au fost blestemați și și-au pierdut frumusețea și strălucirea.

Arată atât de macabru încât provoacă repulsie. Arată ca niște animale detestabile sau se aseamănă cu fețe omenești.

La înfățișare lor seamănă niște animale scârboase, cum ar fi porcii, despre care se vorbește în Biblie (Levetic 11). Sunt urâți și blestemați. Pe lângă aceasta, se împodobesc cu culori și modele grotești.

Poartă armură de fier și încălțăminte militărească, iar de trupurile lor sunt fixate permanent instrumente de tortură ascuțite. De multe ori țin în mână un cuțit, o suliță sau un bici.

Au o atitudine de superioritate, iar mișcările lor denotă puterea pe care o au, fiindcă, în întuneric, își exercită complet autoritatea și tăria. Oamenii se tem de demoni, însă mesagerii iadului sunt mai înfricoșători decât demonii.

Mesagerii iadului torturează sufletele

Care anume este rolul mesagerilor iadului? În principal, torturează sufletele nemântuite din moment ce ei stăpânesc iadul.

Mai precis, torturile aplicate de mesagerii iadului sunt rezervate pentru cei care primesc pedepse mai grele în mormântul de jos. De exemplu, un mesager, care seamănă cu un porc dezgustător, taie trupurile sufletelor, sau le umflă ca un balon după care le sparge, sau le biciuiește.

Pe lângă aceasta, ei chinuie oamenii prin diferite metode. Nici copiii nu sunt scutiți de tortură. Ceea ce ne zdrobește inima este faptul că mesagerii iadului îi înțeapă sau îi bat pe copii ca să se distreze. Prin urmare, trebuie să facem tot ce ne stă în putință să împiedicăm orice suflet să cadă în acest iad care este un loc groaznic, oribil, plin de cruzime, iar suferința și durerea nu iau

Iadul

sfârșit.

Am fost la un pas de moarte din cauza stresului excesiv și a extenuării în 1992. În acel moment, Dumnezeu mi-a arătat pe mulți dintre membrii bisericii care urmau căile lumii. Îmi doream nespus să fiu cu Domnul până când am văzut acea scenă. După aceea, nu mi-am mai dorit să mor imediat pentru că am știut că multe din oile mele vor cădea în iad.

Prin urmare, m-am răzgândit și i-am cerut lui Dumnezeu să mă restaureze. Dumnezeu m-a întărit imediat și, spre surprinderea mea, am putut să mă ridic de pe patul de moarte și m-am făcut complet sănătos. Puterea lui Dumnezeu mă vindecase. Datorită faptului că știu bine multe lucruri despre iad, îmi dau silința să proclaim tainele pe care Dumnezeu mi le-a arătat despre acest loc în speranța că voi putea mântui măcar încă un suflet.

Capitolul 4

Pedepsele din mormântul de jos pentru copiii nemântuiți

1. Fetușii și sugarii
2. Copilașii de doi, trei ani
3. Copiii care pot merge și vorbi
4. Copiii de la șase la doisprezece ani
5. Băiețașii care și-au bătut joc de profetul Elisei

*Să vină moartea peste ei, şi să
se pogoare de vii în locuinţa morţilor!
Căci răutatea este în locuinţa lor, în inima lor.*
- Psalmi 55:15 -

*De acolo s'a suit la Betel. Şi pe cînd mergea pe drum,
nişte băieţaşi au ieşit din cetate, şi şi-au bătut joc de el.
Ei îi ziceau: „Suie-te, pleşuvule! Suie-te, pleşuvule!"
El s'a întors să-i privească, şi i-a blestemat în Numele Domnului.
Atunci au ieşit doi urşi din pădure,
şi au sfîşiat patruzeci şi doi din aceşti copii.*
- 2 Regi 2:23-24 -

În capitolul anterior l-am prezentat pe îngerul căzut, Lucifer, care guvernează iadul împreuna cu alți îngeri căzuți aflați sub conducerea lui. Mesagerii iadului torturează sufletele nemântuite în funcție de păcatele acestora. În general, pedepsele din mormântul de jos se împart în patru categorii. Cele mai ușoare pedepse le primesc cei care ajung în iad datorită judecății cugetului. Cele mai greu de îndurat pedepse le primesc cei care sunt însemnați cu fierul roșu în cugetul lor și care L-au nesocotit pe Dumnezeu asemenea lui Iuda Iscarioteanul, care L-a vândut pe Isus pentru câștigul său personal.

În capitolele care urmează, voi descrie pedepsele primite de sufletele nemântuite în mormântul de jos care aparține iadului. Înainte de a discuta pedepsele primite de adulți, voi prezenta pedepsele primite de copiii nemântuiți, pe diferite grupe de vârstă.

1. Fetușii și sugarii

Chiar și un copil poate ajunge în mormântul de jos dacă își dacă este găsit vinovat la judecata cugetului datorită naturii păcătoase pe care a moștenit-o de la părinții săi necredincioși. Acest copil va primi o pedeapsă ușoară datorită faptului că păcatul său nu a fost atât de mare în comparație cu al unui adult, dar, cu toate acestea, va avea de îndurat foame și dureri de nesuportat.

Sugarii plâng și suferă de foame

Bebelușii înțărcați, care încă nu pot umbla și vorbi, sunt separat împărțiți pe categorii și închiși într-un spațiu mare. Nu pot merge sau vorbi, iar capacitatea lor de gândire este limitată pentru că bebelușii nemântuiți rămân în același stadiu de dezvoltare, atât din punct de vedere fizic cât și ca nivel al conștiinței, în care au fost când au murit.

În plus, ei nu știu de ce sunt în iad deoarece creierul lor nu a înregistrat niciun fel de informații. Plâng din instict pentru că le este foame și nu își cunosc părinții. Un mesager al iadului înțeapă burtica, mâna, piciorul, ochiul, sau o unghie de la mâna ori de la piciorul unui bebeluș, cu un obiect asemănător unui burghiu. Bebelușul scoate un strigăt strident, însă mesagerul iadului râde doar cu satisfacție. Chiar dacă acești bebeluși plâng fără încetare, nimeni nu are grijă de ei, iar plânsetele lor continuă în pofida extenuării și a durerii severe. Mai mult, mesagerii iadului se strâng laolaltă, iau câte un bebeluș și îl umflă cu aer ca pe un balon. Apoi, îl aruncă în aer, îl lovesc, sau îl pasează de la unul la altul pentru a se amuza. Cât de îngrozitor și plin de cruzime este acest lucru!

Fetușii abandonați sunt lipsiți de cădură și mângâiere

Ce se întâmplă cu fetușii care mor înainte de a se naște? După cum am menționat anterior, majoritatea sunt mântuiți, dar există unele excepții. Unii fetuși nu pot fi mântuiți pentru că au moștenit ce a fost mai rău din natura păcătoasă a părinților lor, care s-au întors cu totul împotriva lui Dumnezeu și au făcut fapte foarte rele. Sufletele fetușilor nemântuiți sunt și ele închise într-un singur loc, similar cu cel în care se află bebelușii înțărcați.

Ei nu sunt torturați la fel de sever ca și sufletele adulților deoarece ei nu au avut conștiință și nu au comis niciun păcat înainte să moară. Pedeapsa și blestemul lor constau în faptul că sunt abandonați, fără căldura și comfortul pe care le-au simțit în pântecele mamei lor.

Forma trupurilor din mormântul de jos

Cum vor arăta sufletele nemântuite din mormântul de jos? Pe de o parte, dacă un bebeluș înțărcat moare, va avea aceeași formă trupească pe care a avut-o pe pământ. Dacă un fetus moare în pântecele mamei, va avea un trup de forma unui fetus și în mormântul de jos. Pe de altă parte, sufletele mântuite din Cer vor primi un trup nou înviat la a doua venire a lui Isus Cristos, care va avea aceeași formă cu cel pe care l-au avut pe pământ. Atunci, toți vor fi transformați într-o persoană de 33 de ani, ca Domnul Isus, și vor primi un trup spiritual. Un om scund va avea o înălțime optimă, iar altul care nu avuse un picior sau o mână le va avea restaurate.

Sufletele nemântuite din iad nu vor primi un trup nou nici după cea de-a doua venire a Domnului. Nu pot fi reînviate pentru că nu au primit viață din Isus Cristos, prin urmare au aceeași formă trupească pe care au avut-o la moarte. Fețele și trupurile le sunt palide, vineții –precum cadavrele – și au părul vâlvoi, datorită ororilor din iad. Unii poartă zdrențe, alții câteva bucăți de pânză, însă alții nu au nimic cu care să se acopere.

În Cer, sufletele mântuite poartă haine albe, frumoase și cununi strălucitoare. Strălucirea hainelor și a podoabele primite diferă în funcție de slava și premiul primit de fiecare om. În contrast, în iad, înfățișarea sufletelor nemântuite se deosebesc în funcție de gravitatea și felul păcatelor comise.

2. Copilașii de doi, trei ani

Nou-născuții cresc și învață să stea în picioare, să facă primii pași și să spună câteva cuvinte. Ce fel de pedepse vor primi aceștia dacă mor?

Copilașii de doi, trei ani sunt puși împreună într-un singur loc. Ei suferă instinctiv pentru că nu au avut capacitatea de a gândi logic sau de a judeca înainte să moară.

Copilașii de doi și trei ani sunt îngoziți și plâng după părinți

Acești copii între doi și trei ani nu înțeleg moartea și nu știu de ce se află în iad, dar își amintesc de mamele și tații lor. De aceea plâng necontenit: „Unde ești mami? Tati? Vreau să merg acasă! De ce sunt aici?"

Cât timp trăiau pe pământ, mamele lor veneau și îi strângeau în brațe când, spre exemplu, cădeau și își juleau genunchii. Însă, mamele nu vin aici să-i mângâie chiar dacă strigă și plâng în timp ce trupurile lor se scaldă într-o baie de sânge. Dacă, de exemplu, un copil se pierde de mama sa la un magazin, nu strigă și plânge de teamă?

Nu își pot găsi părinții care să-i preotejeze de acest iad groaznic. Doar acest fapt în sine este suficient să le provoace o teamă insuportabilă. Mai mult, vocile amenințătoare și râsul grotesc al mesagerilor iadului îi determină pe copilași să plângă și mai tare, dar totul e în zadar.

Pentru a-și umple timpul, mesagerii iadului îi lovesc pe spate pe copii, îi calcă în picioare sau îi bat cu biciul. Suferind din cauza durerii, copiii, șocați și speriați, încearcă să se încovoaie și să fugă de ei. Însă, într-un loc atât de aglomerat, copiii nu au unde să fugă și cad îngrămădiți unul peste altul într-o băltoacă de lacrimi și mucus, sunt călcați în picioare, loviți și răniți astfel că sângerează peste tot. Într-o astfel de situație îngrozitoare, copiii plâng tot timpul de foame, de frică și de dorul după mamele lor. Aceste condiții reprezintă „iadul" pentru acești copilași.

Este foarte puțin probabil pentru copiii de doi sau de trei ani să fi făcut păcate grave sau crime. În ciuda acestui fapt, sunt pedepsiți foarte aspru datorită păcatului originar și păcatelor comise de ei. Cu cât mai mult vor fi pedepsiți atunci adulții ale căror păcate sunt mult mai grave decât ale copiilor?

Cu toate acestea, oricine poate fi scutit de pedepsele din iad dacă Îl primește pe Isus Cristos, care a murit pe cruce pentru a ne răscumpăra, și dacă trăiește în lumină. Această persoană poate merge în Cer pentru că a fost iertată de păcatele trecutului, prezentului și viitorului.

3. Copiii care pot merge şi vorbi

Pe când ajung la vârsta de trei ani, copiii ştiu să umble şi să vorbească bine. Ce fel de pedepse vor primi în mormântul de jos aceşti copii, cu vârste între trei şi cinci ani?

Mesagerii iadului îi fugăresc cu nişte tridente

Copiii între trei şi cinci ani sunt ţinuţi separat într-un loc mare şi întunecos unde îşi primesc pedeapsa. Fug cât văd cu ochii de mesagerii iadului care îi urmăresc cu tridente în mână.

Un trident este o furcă cu trei dinţi. Mesagerii iadului fugăresc sufletele copiilor şi le înţeapă cu aceşti dinţi, la fel cum un vânător îşi urmăreşte vânatul. În final, copiii ajung la o prăpastie, iar la baza ei văd o apă care fierbe precum lava unui vulcan activ. La început, copiii ezită să sară în apa fierbinte dar sunt nevoiţi să o facă pentru a scăpa de mesagerii iadului care îi urmăresc. Nu au încotro.

Încearcă să iasă din apa care clocoteşte

Copiii au scăpat pentru moment de dinţii tridentului pe care îl poartă mesagerii iadului, dar acum sunt în apă care clocoteşte. Vă puteţi imagina cât poate fi de dureros? Copiii se chinuie să-şi ţină măcar faţa deasupra apei ca să nu le intre apa în gură şi în nări. Când văd acest lucru, mesagerii îi tachinează pe copii spunând: „Nu-i aşa că e amuzant?" sau „Ce distractiv!" Apoi mesagerii strigă: „Din cauza cui sunt aceşti copii aici în iad?

Pedepsele din mormântul de jos pentru copiii nemântuiți

Haideți să-i conducem și pe părinții lor pe calea morții, să-i aducem aici după ce mor și să-i facem să-și privească copiii cum suferă și sunt chinuiți!"

În acel moment, copiii care încearcă să scape din apa fierbinte sunt prinși într-un năvod ca niște pești și aruncați înapoi la locul din care au început să fugă. După aceea, acest proces dureros, în care copiii fug de mesagerii iadului care îi urmăresc cu tridente și sar în apa fierbinte, se repetă la nesfârșit.

Acești copii au între trei și cinci ani și nu pot alerga foarte bine. Cu toate acestea, se străduiesc să fugă cât mai repede pentru a scăpa de mesagerii iadului care îi urmăresc cu tridente dar ajung din nou la prăpastie. Sar în apa fierbinte și iar încearcă sa iasă de acolo. Sunt pescuiți într-un năvod și aruncați înapoi în locul de unde au plecat. Acest ciclu se repetă la nesfârșit. Ce lucru oribil și tragic!

V-ați ars vreodată degetul cu un fier încălzit sau cu o oală fierbinte? Știți atunci cât poate fi de dureros acest lucru. Acum, imaginați-vă că vi se toarnă apă fierbinte peste tot trupul sau că sunteți scufundați într-o oală cu apă în clocot. Este dureros și groaznic doar când vă gândiți la așa ceva.

Dacă ați avut vreodată o arsură de gradul trei, probabil că vă mai amintiți cât a fost de dureros. Vă mai aduceți poate aminte și de carnea vie, de mirosul respingător al pielii arse sau al celulelor necrozate.

Chiar dacă arsura se vindecă, de cele mai multe ori rămân cicatrici urâte. Cei mai mulți oameni evită compania celor care au cicatrici urâte. În unele cazuri, chiar membrilor din familie le este greu să iasă în public cu aceşti oameni. Unora dintre pacienţi le este greu să suporte curăţirea rănii din timpul tratamentului şi, în cele mai rele cazuri, un astfel de pacient ajunge să aibă tulburări mintale sau se sinucide din cauza senzaţiei de sufocare şi a agoniei prin care trece în timpul tratamentului. Dacă un copil se arde, părinţii îi simt şi ei durerea în inimă.

Cu toate acestea, nici cele mai grave arsuri din această lume nu se pot compara cu cele suferite la nesfârşit de sufletele nemântuite ale acestor copilaşi în iad. Intensitatea durerii şi cruzimea pedepselor aplicate acestor copilaşi în iad depăşeşte orice imaginaţie.

Niciun loc de scăpare de aceste pedepse care se repetă continuu

Copiii fug mereu şi mereu de aceşti mesageri ai iadului, care îi urmăresc cu tridente, şi cad de pe marginea prăpastiei în apa fierbinte. Sunt scufundaţi complet în apă fierbinte; apa miroase urât şi se lipeşte de trupurile lor ca lava vâscoasă. Mai mult, apa dezgustătoare şi lipicioasă le intră în nări şi în gură în timp ce se chinuie să iasă din acest lac cu apă fierbinte. Cum se poate compara această experienţă cu vreo arsură din această lume, fie ea cât de gravă?

Simţurile nu li se atenuează chiar dacă sunt chinuiţi într-una, fără nicio pauză. Nu-şi pot pierde minţile, nu pot să leşine pentru a uita sau a fi impasibili la durere chiar şi pentru puţin timp, şi nici nu pot să se sinucidă pentru a scăpa de durerea din iad. Ce groaznic poate fi!

Dacă copiilor de trei, patru sau cinci ani le este pricinuită atât de multă durere în mormântul de jos ca pedeapsă pentru păcatele lor, vă puteți imagina ce îi așteaptă pe adulți în alte părți ale iadului?

4. Copiii de la șase la doisprezece ani

Ce pedepse vor primi în mormântul de jos copiii nemântuiți aflați între șase și doisprezece ani?

Înoată într-un râu de sânge

De la începutul lumii până în prezent, nenumărate suflete nemântuite și-au vărsat sângele în mormântul de jos unde au trecut prin chinuri îngrozitoare. Oare cât sânge au vărsat ei din moment ce mâinile și picioarele le sunt restaurate imediat după ce au fost retezate?

Cantitatea de sânge pe care au pierdut-o este suficientă să creeze un râu pentru că pedepsele pe care le primesc se repetă din nou și din nou, indiferent de cât de mult sânge au pierdut deja. Chiar și pe acest pământ, după un război de avengură sau după un masacru, se formează bălți de sânge sau chiar un pârâiaș, iar în aer plutește un miros de sânge în proces de descompure. În zilele toride de vară, mirosul este mai înțepător, insectele roiesc în jur, iar bolile infecțioase ajung să creeze o epidemie.

În mormântul de jos, nu este doar o baltă sau un pârâiaș de sânge, ci un râu lat și adânc. Copiii de vârste cuprinse între șase și doisprezece ani sunt pedepsiți pe malul râului și sunt îngropați acolo. Cu cât păcatele pe care le-au comis au fost mai grave, cu atât sunt îngropați mai adânc și mai aproape de râu.

Săpatul pământului

Copiii care se află mai departe de râu nu sunt îngropați în pământ. Cu toate acestea, sunt atât de înfometați încât sapă pământul cu mâinile goale căutând ceva de mâncare. În disperare, sapă cu mâinile până când își pierd unghiile și fac bătături la vârfurile degetelor. Degetele li se tocesc la jumătate din dimensiunea lor inițială și sângerează foarte tare. Ajung în așa hal încât li se văd oasele degetelor. În cele din urmă, își simt palmele și degetele epuizate, însă, în pofida durerii, sunt forțați să sape în speranța deșartă că vor găsi ceva de mâncare.

Pe măsură ce vă apropiați de râu veți putea observa că acești copiii sunt mai răi. Cu cât sunt mai răi, cu atât sunt mai aproape de râu. Se luptă unii cu alții, încercând să muște pielea celorlalți pentru a-și astâmpăra foamea în timp ce sunt îngropați în pământ până la brâu.

Cei mai răi copii sunt pedepsiți chiar lângă malurile râului și sunt îngropați până la gât în pământ. Oamenii de pe pământ ar muri dacă ar fi îngropați în pământ până la gât pentru că sângele nu ar putea circula în corp. Faptul că acolo nu este moarte, înseamnă că agonia aceasta nu ia sfârșit pentru sufletele nemântuite care sunt pedepsite în iad.

Ei suferă și din cauza mirosului urât din râu, dar și datorită insectelor vătămătoare, cum ar fi muștele sau țânțarii, care le pişcă fețele. Din cauză că sunt îngropați în pământ până la nivelul gâtului, nu pot alunga aceste insecte. În cele din urmă, fețele lor ajung să se umfle atât de tare încât devin de nerecunoscut.

Copiii năpăstuiți: jucăriile mesagerilor iadului

Aceasta nu este însă toată suferința prin care trec acești copii. Li se pot sparge timpanele datorită râsetelor stridente ale mesagerilor iadului care iau câte o pauză în care râd și povestesc unii cu alții. De asemenea, în timpul odihnei, mesagerii iadului calcă sau se așează pe capetele copiilor care sunt îngropați în pământ.

Hainele și încălțămintea mesagerilor iadului sunt prevăzute cu obiecte ascuțite. Astfel, capetele copiilor sunt zdrobite, fețele tăiate, sau părul le este smuls în smocuri când mesagerii calcă sau se așează pe ei. Mai mult, mesagerii iadului taie fețele copiilor, sau calcă cu picioarele pe capetele lor. Ce groaznică pedeapsă poate fi aceasta!

Poate vă întrebați „Cum este posibil ca acești copii de vârsta școlară să fi comis păcate atât de grave încât să primească pedepse atât de îngrozitoare?" Oricât ar fi de tineri acești copii, totuși, au moștenit natura păcătoasă, iar pe deasupra au comis păcate ei înșiși. Legea spirituală, care spune că „plata păcatului este moartea," se aplică în mod universal tuturor persoanelor, indiferent de vârstă.

5. Băieţaşii care şi-au bătut joc de profetul Elisei

În 2 Împăraţi 2:23-24 citim despre o întâmplare petrecută în timp ce profetul Elisei mergea de la Ierihon la Betel. Când trecea pe drum, au ieşit nişte băieţaşi din cetate şi şi-au bătut joc de el, spunând: „Suie-te, pleşuvule!" Elisei nu i-a mai putut suporta şi i-a blestemat. Atunci, au ieşit doi urşi din pădure şi au sfâşiat patruzeci şi doi dintre aceşti copii. Ce credeţi că s-a întâmplat cu aceşti patruzeci şi doi de copii în mormântul de jos?

Îngropaţi până la gât

Doi urşi au sfâşiat patruzeci şi doi de copii. Vă puteţi imagina cam câţi copii au fost acolo, în total, care l-au batjocorit pe Elisei? El a fost un profet care a făcut multe minuni pentru Dumnezeu. Cu alte cuvinte, Elisei nu i-ar fi putut blestema dacă l-ar fi batjocorit spunându-i doar câteva cuvinte.

Au continuat să-l urmărească, spunându-i: „Suie-te, pleşuvule! Suie-te, pleşuvule!" Mai mult, au aruncat cu pietre în el şi l-au înţepat cu un băţ. La început, profetul Elisei probabil că i-a mustrat şi i-a avertizat, dar i-a blestemat doar pentru că erau prea răi pentru a fi iertaţi.

Acest incident a avut loc cu câteva mii de ani în urmă, când oamenii erau mai temători de Dumnezeu, iar răul nu se infiltrase în toate domeniile ca acum. Acei copii trebuie să fi fost foarte răi ca să-şi bată joc şi să-l tachineze pe un profet în vârstă cum a fost Elisei care făcea lucrările măreţe ale lui Dumnezeu.

Pedepsele din mormântul de jos pentru copiii nemântuiți

În mormântul de jos, acești copii sunt pedepsiți lângă râul de sânge, fiind îngropați până la gât. Se sufocă din cauza mirosului urât din râu și sunt mușcați de tot felul de insecte vătămătoare. Pe lângă aceasta, sunt torturați cu cruzime de către mesagerii iadului.

Părinții trebuie să-și îndrume copiii

Cum se poartă copiii din vremurile noastre? Unii din ei își lasă prietenii afară, în frig, le iau alocația sau banii de prânz, îi bat sau chiar îi ard cu mucuri de țigară doar pentru că le sunt antipatici. Unii copii ajung să se sinucidă din cauză că nu mai pot îndura hărțuirea continuă și nemiloasă din partea celorlalți copii. Alți copii formează ganguri organizate când sunt doar în școala primară și ajung chiar să omoare oameni, imitând criminalii notorii.

Prin urmare, părinții trebuie să-și educe copiii în așa fel încât aceștia să nu se conformeze căilor lumești, ci dimpotrivă, să trăiască o viață de credință, în frică de Dumnezeu. Cât de rău vă va părea dacă veți ajungeți în Cer și vă veți vedea copiii torturați în iad? Este înfiorător doar să vă gândiți la acest lucru.

Prin urmare, trebuie să vă creșteți copiii așa încât aceștia să trăiască în conformitate cu adevărul. De exemplu, trebuie să îi învățați să nu vorbească și să nu alerge în timpul serviciului divin, ci să se roage și să Îl laude pe Dumnezeu cu toată inima, mintea și sufletul. Chiar și bebelușii, care nu înțeleg încă ce le spune mămica, dorm frumos, fără să plângă în timpul serviciului divin când mamele se roagă pentru ei și îi cresc cu credință. Acești bebeluși, vor primi și ei o răsplată în Cer.

    Copiii de la trei sau patru ani în sus se pot închina lui Dumnezeu și se pot ruga cu părinții când aceștia fac din acest lucru o regulă. Profunzimea rugăciunii diferă în funcție de vârstă. Părinții pot să-și învețe copiii să prelungească timpul de rugăciune puțin câte puțin, de la cinci minute la zece minute, iar apoi la treizeci, la o oră și așa mai departe.

    Oricât de mici ar fi copiii, dacă părinții îi învață din Cuvântul lui Dumnezeu potrivit cu vârsta și nivelul lor de înțelegere și îi ajută să trăiască pe baza acestuia, copiii vor încerca mai mult să trăiască după Cuvânt și să fie plăcuți lui Dumnezeu. Se vor pocăi și își vor mărturisi păcatele cu lacrimi când Duhul Sfânt îi cercetează. Vă îndemn dar să le spuneți copiilor concret despre cine este Isus Cristos și să-i călăuziți să trăiască în credință.

Capitolul 5

Pedepsele primite de cei care mor după vârsta pubertății

1. Primul nivel de pedepse
2. Al doilea nivel de pedepse
3. Pedeapsa lui Faraon
4. Al treilea nivel de pedepse
5. Pedeapsa primită de Pilat din Pont
6. Pedeapsa primită de Saul, primul împărat al lui Israel
7. Al patrulea nivel de pedepse primite de Iuda Iscarioteanul

*Strălucirea ta s'a pogorît și ea
în locuința morților, cu sunetul alăutelor tale;
așternut de viermi vei avea,
și viermii te vor acoperi.*
- Isaia 14:11 -

*Cum se risipește norul și trece, așa nu se va mai
ridica celce se pogoară în Locuința morților!*
- Iov 7:9 -

Oricine intră în Cer va primi o slavă şi o răsplată diferită în funcţie de faptele din viaţa aceasta. În contrast, în mormântul de jos oamenii vor primi pedepse după păcatele pe care le au făcut în timpul vieţii pe pământ. Oamenii din iad suferă datorită durerii intense, care persistă mult timp, iar severitatea durerii şi agonia diferă de la om la om în funcţie de faptele din viaţa aceasta. Fiecare om, fie că ajunge în Cer fie în iad, va culege ce a semănat.

Cu cât aţi păcătuit mai mult, cu atât veţi ajunge mai adânc în iad şi cu cât păcatele v-au fost mai grave, cu atât veţi avea parte de mai multă durere în iad. Pedepsele pe care le veţi primi vor fi cu atât mai severe cu cât v-aţi îndepărtat mai mult de inima lui Dumnezeu – cu alte cuvinte cu cât vă asemănaţi mai mult cu natura păcătoasă a lui Lucifer.

Galateni 6:7-8 ne previne: *„Nu vă înşelaţi: 'Dumnezeu nu Se lasă să fie batjocorit.' Ce seamănă omul, aceea va şi secera. Cine seamănă în firea lui pământească, va secera din firea pământească putrezirea; dar cine seamănă în Duhul, va secera din Duhul viaţa veşnică."* Astfel, veţi secera ceea ce aţi semănat.

Ce fel de pedepse vor primi în mormântul de jos cei care mor după vârsta pubertăţii? În acest capitol voi lua în discuţie cele patru niveluri de pedepse primite de sufletele din mormântul de jos în funcţie de faptele lor din viaţa de pe pământ. Făcând o paranteză, vă rog să înţelegeţi că nu pot reda detalii foarte grafice, pentru a nu vă spori prea mult teama.

1. Primul nivel de pedepse

Unele suflete sunt obligate să stea pe nisipuri care sunt de șapte ori mai fierbinți decât nisipurile din deșerturile sau plajele din această lume. Nu pot scăpa de această suferință, e ca și cum s-ar afla în mijlocul unui deșert vast.

Ați umblat vreodată desculți pe nisipul fierbinte într-o zi toridă de vară? Nu puteți îndura durerea când umblați pe plajă într-o zi fierbinte de vară nici măcar zece sau cinsprezece minute. Nisipurile din zonele tropicale ale lumii sunt și mai fierbinți decât celelalte. Însă, nisipurile din mormântul de jos sunt de de șapte ori mai încinse decât cele mai fierbinți nisipuri din această lume.

În timpul pelerinajului meu în Țara Sfântă, în loc să iau troleibuzul, am alergat pe un drum asfaltat care ducea la Marea Moartă. Am început să fug repede cu alți doi pelerini care mă însoțeau. La început, nu am avut nicio durere, însă, pe la jumătatea drumului, am simțit arsuri la ambele tălpi. Deși am vrut să scăpăm de această suferință nu am avut unde merge; pe fiecare parte a drumului era pietriș la fel de fiebinte.

A trebuit să alergăm până la sfârșitul drumului, după care ne-am înmuiat picioarele în apa rece dintr-o piscină din apropiere. Din fericire, nici unul dintre noi nu a suferit arsuri. Alergasem doar cam zece minute, dar a fost suficient să ne provoace o durere intensă. Imaginați-vă, deci, că veți fi forțați să stați pentru o veșnicie pe nisipuri de șapte ori mai fierbinți decât cele de pe pământ. Oricât ar fi de fierbinți nisipurile, nu există posibilitatea de a reduce sau scăpa de pedeapsă. Cu toate acestea, este una dintre cele mai uşoare pedepse din mormântul de jos.

Un alt suflet este chinuit altfel. Este obligat să se aşeze pe o piatră mare, încinsă, şi este prăjit continuu ca pedeapsă, la fel cum este gătită carnea la grătar. Apoi, o altă piatră, la fel de fierbinte, cade peste el şi îl zdrobeşte. Gândiţi-vă la felul în care călcaţi hainele; în cazul acesta masa de călcat este piatra pe care haina – sufletul condamnat – este aşezat, iar fierul este cea de-a doua piatră care presează haina.

Arsura este doar o pare din pedepasă; părţile trupului care sunt zdrobite este alta. Membrele sunt strivite în bucăţi datorită presiunii create de cele două pietre mari. Forţa lor este destul de mare să zdrobească coastele şi organele interne. Când îi este spart capul sufletului, ochii îi ies din orbită şi îi ţâşnesc lichidele din creier.

Cum am putea descrie o astfel de suferinţă? Deşi el este un suflet fără o formă fizică, poate totuşi simţi durerea la fel de intens cum a simţit-o când trăia pe pământ. Este într o agonie fără sfârşit. Îngrozit şi plin de teamă, tânguielile sale se alătură ţipetelor altor suflete care sunt torturate şi strigă „Cum pot să scap de această suferinţă?"

2. Al doilea nivel al pedepse

Din istorioara despre Lazăr şi omul bogat din Luca 16:19-31 putem întrezări ce loc nefericit este mormântul de jos. Prin puterea Duhului Sfânt, am auzit tânguirea unui om care era chinuit în mormântul de jos. Pe măsură ce ascultaţi mărturisirea

Iadul

lui, mă rog să vă treziți din adormirea voastră spirituală.

Sunt târât de colo colo
fără încetare.
Alerg și alerg, dar nu se sfârșește.
Nu găsesc niciun loc în care să mă ascund.
Pielea îmi este jupuită în acest loc,
încărcat cu cel mai respingător miros.
Insectele îmi mănâncă pielea.
Încerc să fug de ele,
dar ajung mereu în același loc.
Ele continuă să mă muște și să-mi mănânce trupul;
îmi sug sângele.
Tremur de groază și de frică.
Ce să mă fac?

Te implor,
spune și altora ce mi se întâmplă.
Spune-le despre chinurile prin care trec,
ca să nu ajungă și ei aici.
Nu știu ce să mai fac
sub această presiune a groazei și a fricii.
Pot doar să gem de durere.
În zadar caut un refugiu.
Îmi zgârie spatele.
Îmi mușcă mâinile.
Îmi jupoaie pielea.
Îmi mănâncă mușchii.

Pedepsele primite de cei care mor după vârsta pubertății

Îmi sug sângele.
După toate acestea,
voi fi aruncat în iazul de foc.
Ce pot să fac?
Ce să mă fac?

Deși nu am crezut în Isus ca mântuitor al meu,
am avut impresia că sunt un om bun.
Până nu am ajuns în mormântul de jos,
nu mi-am dat seama că am păcătuit atât de mult.
Acum pot doar să regret și iar să regret
tot ce am făcut.
Te rog, ai grijă
să nu fie și alții ca mine.
Mulți oameni de aici credeau că au fost buni
când au trăit pe pământ.
Cu toate acestea, ei se află aici.
Mulți care s-au declarat credincioși
și au crezut că au trăit după voia lui Dumnezeu
sunt și ei aici
și sunt torturați mai rău decât mine.

Îmi doresc să pot leșina, să uit de suferințe,
chiar pentru puțin, dar nu pot.
Nu mă pot odihni chiar dacă-mi închid ochii.
când îi deschid
nu văd nimic și nu este nimic tangibil.
Dacă încerc să fug într-o parte sau în alta,

ajung mereu în același loc.
Ce pot să fac?
Ce să mă fac?
Te impor, nu lăsa pe nimeni altcineva
să-mi calce pe urme!

Acest suflet este un om relativ bun în comparație cu alți oameni din mormântul de jos. El Îl roagă stăruitor pe Dumnezeu să îi înștiințeze și pe alții despre ceea ce i se întâmplă. Chiar dacă trece printr-o suferință excesivă, este îngrijorat de soarta altor suflete care ar putea ajunge acolo. Acest suflet pledează înaintea lui Dumnezeu ca să îi avertizeze pe ai lui „să nu vină și ei în acest loc de chin," la fel cum a făcut și bogatul din pilda cu Lazăr (Luca 16).

Însă, cei care ajung să primească pedepse de al treilea și al patrulea nivel în mormântul de jos nu au nici măcar atâta bunătate. Îl sfidează pe Dumnezeu și îi condamnă pe alții fără rușine.

3. Pedeapsa lui Faraon

Faraon, împăratul Egiptului, care i s-a împotrivit lui Moise, primește pedepse de al doilea nivel, dar severitatea pedepselor sale se apropie foarte mult de cea a pedepselor primite la al treilea nivel.

Ce a făcut Faraon, în această viață, pentru a fi pedepsit astfel? De ce a fost el trimis în mormântul de jos?

Când evreii erau asupriți ca sclavi, Moise a fost chemat de Dumnezeu să scoată pe poporul Israel din Egipt și să-l conducă în țara promisă, Canaan. Moise s-a dus înaintea lui Faraon și i a spus să-i lase pe evrei să plece. Însă, Faraon a refuzat, înțelegând valoarea muncii forțate pe care o prestau evreii.

Prin Moise, Dumnezeu a trimis asupra lui Faraon, a oficialităților și asupra poporului egiptean zece urgii. Apa Nilului s-a transformat în sânge. Pământul le-a fost acoperit de broaște, păduchi și muște câinești. Pe lângă acestea, Faraon și oamenii lui au mai suferit și datorită ciumei vitelor, a vărsatului negru, a pietrei și focului, a lăcustelor și a întunericului. Dar, de fiecare dată cînd o urgie se abătea asupra lor, Faraon îi promitea lui Moise că îi va lăsa pe evrei să plece, doar pentru a scăpa de alte urgii. Însă, Faraon și-a călcat promisiunile și, în mod repetat, și-a împietrit inima când Moise s-a rugat și Dumnezeu a îndepărtat urgiile. Faraon i-a lăsat pe evrei să plece doar după ce toți întâii născuți din Egipt, de la întâiul născut al lui Faraon până la întâiul născut al robilor, precum și întâii născuți ai dobitocelor au murit.

Cu toate acestea, nu la mult timp după această urgie, Faraon s-a răzgândit din nou. A plecat cu armata sa în urmărirea evreilor care își făcuseră tabăra lângă Marea Roșie. Evreii s au înspăimântat și au strigat către Dumnezeu, iar Moise a ridicat toiagul și și-a întins mâna spre mare. Atunci, a avut loc o minune. Apele mării s-au despărțit în două prin puterea lui Dumnezeu și evreii au trecut astfel Marea Roșie ca pe uscat, însă egiptenii i-au urmat. Când Moise și-a întins din nou mâna spre mare de pe celălalt țărm *„apele s-au întors, și au acoperit carele, călăreții și toată oastea lui Faraon, care intraseră în mare după copiii*

Iadul

lui Israel; nici unul măcar n-a scăpat" (Exodul 14:28).

În Biblie întâlnim mulți împărați buni la suflet dintre neamuri care credeau în Dumnezeu și I se închinau. Faraon, însă, avea o inimă împietrită, chiar dacă văzuse puterea lui Dumnezeu de zece ori. Prin urmare, Faraon a avut parte de nenorociri cum au fost moartea moștenitorului la tronul său, distrugerea armatei sale, iar apoi s-a confruntat cu sărăcia din țara lui.

În zilele noastre, oamenii aud de Dumnezeu și văd manifestarea puterii sale cu ochii lor. Cu toate acestea își împietresc inimile la fel cum a făcut Faraon. Nu Îl primesc pe Isus ca mântuitor personal și nu se pocăiesc de păcatele lor. Ce se va întâmpla cu ei dacă continuă să trăiască astfel? Vor ajunge să primească pedepse de același nivel ca și Faraon.

Ce se întâmplă însă cu Faraon în mormântul de jos?

Faraon este închis într-un loc cu apă murdară

Faraon este închis într-un loc cu apă uzată care duhnește. Trupul îi este imobilizat în acel bazin, așa că nu se poate mișca. Nu este singur, sunt și alte suflete acolo care au făcut păcate de aceeași gravitate.

Faptul că a fost un împărat nu îi conferă dreptul de a primi un tratament regal în mormântul de jos. Dimpotrivă, datorită faptului că deținuse o poziție de autoritate, fusese arogant, avusese slujitori și trăise o viață în care nu îi lipsise nimic, mesagerii iadului îl batjocoresc și îl pedepsesc și mai aspru pe Faraon.

Bazinul în care este legat Faraon nu este doar umplut cu apă murdară. Ați văzut vreodată ape menajere sau alte acumulări de ape clocite și poluate? Cum sunt porturile unde ancorează navele? În apă plutește combustibilul, sunt umplute de gunoaie și emană un miros urât. E greu de închipuit că există viață într-un astfel de mediu. Dacă vă băgați mâinile în apă, vă este teamă că o să fiți contaminați de murdăriile din apă.

Într-un astfel de loc se găsește Faraon. Pe lângă aceasta, apa în care se află el este plină de nenumărate insecte detestabile. Se aseamănă cu viermii, dar sunt mult mai mari.

Insectele mușcă părțile moi ale trupului

Aceste insecte se apropie de sufletele din bazin și mai întâi încep să-i muște din părțile moi ale trupului. Mănâncă mai întâi din ochi, iar apoi le intră prin orbită la creier pe care încep să-l ciupească. Vă puteți imagina cât este de dureros acest lucru? În final, mănâncă din tot, de la cap la picioare. Cu ce oare am putea compara această agonie?

Nu este dureros când vă intră praf în ochi? Cu cât mai dureros poate fi când insectele vă mușcă puțin câte puțin din ochi? Credeți că puteți îndura durerea pricinuită de aceste insecte care vă mănâncă din tot trupul?

Imaginați-vă acum că vă intră un ac sub unghie sau în buricul degetului. Aceste insecte continuă să roadă pielea, după care ajung la mușchi până când se văd oasele. Nu se opresc la dosul palmei voastre, ci o iau în sus pe mâini și pe umeri, apoi jos spre piept, abdomen, picioare și șolduri. Sufletele închise acolo trebuie

Iadul

să suporte tortura și durerea care o însoțește.

Insectele devorează repetat organele interne

Majoritatea femeilor se sperie când văd viermi, cu atât mai puțin să vrea să-i și atingă. Imaginați-vă niște insecte mai mari și mai respingătoare decât viermii care înțeapă sufletele condamnate. Prima dată penetrează trupurile oamenilor prin abdomen. Apoi încep să mănânce din cele cinci organe vitale și din cele șase organe cavitare, după care sug lichidele din creier. În tot acest timp, sufletele condamnate nu pot lupta împotriva acestor insecte îngrozitoare, nici nu se pot da la o parte sau fugi de ele.

Insectele continuă să le mănânce din trup puțin câte puțin, iar sufletele acestea nu pot decât să privească cum le sunt devorate părțile trupului. Dacă am fi supuși unei astfel de torturi chiar pentru zece minute, am înnebuni. Unul dintre sufletele din acel loc îngrozitor este Faraon, care s-a împotrivit lui Dumnezeu și slujitorului Său Moise. El se află în agonie din cauza acestor dureri în timp ce este treaz și simte pe viu cum îi sunt mâncate și devorate părțile corpului.

Se sfârșește însă chinul odată ce insectele au terminat de mâncat? Nici vorbă. În scurt timp părțile corpului care au fost ciupite și mâncate sunt restaurate complet, iar insectele se îndreaptă din nou spre acel suflet și încep să se înfrupte iar din trupul acestuia. Acest proces nu are sfârșit. Durerea nu dispare și persoana respectivă nu se obișnuiește cu durerea – deci nu devine insensibilă la durere.

Așa decurg lucrurile în lumea spirituală. În Cer, dacă copiii lui Dumnezeu mănâncă din fructul unui pom, acesta se regenerează. La fel este și în mormântul de jos, indiferent cât de mult devorează insectele părțile trupului, fiecare parte este restaurată complet imediat ce a fost făcută bucăți sau dezintegrată.

Chiar dacă cineva a dus o viață onestă și integră

Printre oamenii cinstiți sunt și cei care nu vor, sau nu aleg să-L primească pe Isus și Evanghelia. Pe dinafară par a fi buni și nobili, dar, după standardele adevărului, nu sunt nici buni, nici nobili.

Galateni 2:16 ne reamintește: *„știm că omul nu este socotit neprihănit, prin faptele Legii, ci numai prin credința în Isus Hristos, am crezut și noi în Hristos Isus, ca să fim socotiți neprihăniți prin credința în Hristos, iar nu prin faptele Legii; pentru că nimeni nu va fi socotit neprihănit prin faptele Legii."* Un om neprihănit este acela care este mântuit în numele lui Isus Cristos. Doar atunci păcatele sale pot fi iertate prin credința în Isus Cristos. Mai mult, dacă crede în Isus Cristos, va asculta negreșit de Cuvântul lui Dumnezeu.

Dacă cineva continuă să-L tăgăduiască pe Dumnezeu, în ciuda nenumăratelor dovezi ale minunilor și puterii Lui demonstrate prin slujitorii Săi și ale faptului că Dumnezeu a creat Universul, nu este decât un om rău cu o conștiință împietrită.

Din perspectiva lui, duce o viață onestă. Cu toate acestea, dacă continuă să-L renege pe Isus ca mântuitor personal, nu va putea merge decât în iad. Datorită faptului că oameni ca acesta au dus vieți relativ bune și oneste comparativ cu cei răi, care au păcătuit cât au vrut urmându și dorințele păcătoase, vor primi pedepse de primul sau de al doilea nivel din mormântul de jos. Dintre cei care mor fără să aibă posibilitatea de a îmbrățișa Evanghelia, dacă nu trec de judecata conștiinței, majoritatea primesc pedepse de primul sau de al doilea nivel. Puteți deci să trageți concluzia că cei care primesc pedepse de al treilea și al patrulea nivel în mormântul de jos sunt mult mai răi și mai păcătoși decât mulți alții.

4. Al treilea nivel de pedepse

Nivelurile al treilea și al patrulea de pedepse sunt rezervate celor care au întors spatele lui Dumnezeu, au conștiința însemnată cu fierul roșu, L-au hulit și L-au defăimat pe Duhul Sfânt și s-au împotrivit creșterii Împărăției lui Dumnezeu. Mai mult, oricine a catalogat bisericile lui Dumnezeu ca eretice, fără a avea dovezi solide, va primi pedepse de al treilea și al patrulea nivel.

Înainte să discutăm despre nivelul al treilea al pedepselor, haideți să examinăm puțin câteva forme de tortură concepute de oameni.

Torturi pline de cruzime făcute de oameni

În vremurile în care drepturile omului erau doar la nivel de fantezie și nu ceva la ordinea zilei se aplicau nenumărate tipuri de pedepse corporale, inclusiv forme de tortură și execuții.

Pedepsele primite de cei care mor după vârsta pubertății

De exemplu, în Europa Evului Mediu, gărzile închisorii luau un prizonier din beciul închisorii ca să-l facă să mărturisească. Pe drum, prizonierul vedea pete de sânge pe jos, iar în încăperea unde era dus observa tot felul de instrumente de tortură. Pe lângă aceasta, era copleșit de țipetele stridente care se auzeau în clădire.

Una dintre metodele cele mai folosite era de a pune degetele de la mâinile și picioarele prizonierului (sau ale oricui urma să fie torturat) în cadre mici de metal. Cadrele de metal erau strânse atât de tare încât îi erau zdrobite degetele. Apoi unghiile – de la mâini sau de la picioare – erau smulse una câte una, pe măsură ce cadrul de metal era strâns din ce în ce mai tare.

Dacă prizonierul nu mărturisea după această tortură, era atârnat cu mâinile răsucite la spate și cu trupul contorsionat în toate direcțiile. I se pricinuia mai multă durere când trupul îi era ridicat și apoi lăsat să cadă la pământ cu viteze diferite. În cel mai rău caz, în timp ce era atârnat, i se lega de glezne o bucată grea de metal. Greutatea bucății de metal era suficientă să-i zdrobească toate oasele și toți mușchii din trup. Dacă nu mărturisea nici după aceste chinuri, i se aplicau altele mai oribile și severe.

Prizonierul era așezat pe un scaun făcut special pentru tortură. Pe scaun, pe spătar și pe picioarele scaunului se găseau nenumărați ghimpi. Văzând acest scaun înfricoșător, prizonierul încerca să fugă, dar gardienii închisorii, mai mari și mai puternici decât el, îl așezau cu forța pe scaun. Într-o clipită prizonierul simțea cum acești ghimpi îi intrau în corp.

Într-o altă metodă de tortură prizonierul sau suspectul era atârnat cu capul în jos. După o oră tensiunea îi creștea peste măsură, i se spărgeau vasele de sânge din creier, iar sângele îi ieșea prin ochi, nas și urechi. Nu mai putea auzi, mirosi sau vedea.

Uneori se folosea focul pentru a supune forțat prizonierul. Gardianul se apropia de suspect cu o lumânare aprinsă pe care o apropia de tălpile sau subsuorile suspectului. Subsuorile sunt arse pentru că sunt cele mai sensibile părți ale corpului uman, iar durerea arsurii din tălpi ține cel mai mult.

În alte dăți, suspectul era forțat să poarte cizme de fier încins, după care cel care îl tortura smulgea carnea vie, sau îi tăia limba și apoi îi ardea cerul gurii cu un clește înroșit. Dacă prizonierul era condamnat la moarte era așezat pe o roată care îi zdrobea trupul în bucăți. Mișcarea rapidă a roții zdrobea trupul, deși prizonierul era în viață și conștient. În alte situații, prizonierii erau omorâți când li se turna plumb topit în nări și urechi.

Știind că nu puteau îndura chinurile, mulți prizonieri mituiau pe cei care îi torturau și pe gărzile închisorii pentru a avea o moarte rapidă și mai puțin dureroasă.

Acestea sunt doar câteva din metodele de tortură inventate de oameni. Este destul să ni le imaginăm pentru a ne îngrozi. Vă puteți închipui că torturile pe care le aplică mesagerii iadului, care sunt sub conducerea strictă a lui Lucifer, sunt mult mai chinuitoare decât orice altă formă de tortură concepută de oameni. Mesagerii iadului nu au deloc compasiune și se bucură când aud cum sufletele strigă și țipă de groază în mormântul de jos. Caută mereu tehnicile de tortură cele mai dureroase și mai pline de cruzime pentru a le aplica acestor suflete.

Vă puteți permite să mergeți în iad? Puteți să îi lăsați pe cei dragi sau familia să meargă în iad? Toți creștinii trebuie să considere ca o datorie a lor să predice şi să răspândească Evanghelia şi să facă tot posibilul să salveze încă un suflet de la iad.

Care sunt deci pedepsele de nivelul al treilea?

i) Un grotesc mesager al iadului în formă de porc

Un suflet din mormântul de jos este legat de un copac, iar pielea îi este tăiată bucăţică cu bucăţică. Se poate compara cu tăierea măruntă a peştelui pentru a face sashimi. Un mesager al iadului, cu o înfăţişare grotească şi înfricoşătoare, pregăteşte toate instrumentele necesare pentru tortură. Are o varietate de instrumente de la un pumnal mic la o secure. Mesagerul iadului şlefuieşte instrumentele pe o piatră cu ajutorul apei. Aceste instrumente nu ar trebui ascuţite pentru că, în mormântul de jos, lama le rămâne foarte bine ascuţită. Motivul şefuirii este doar pentru a speria mai tare sufletul în aşteptarea torturii.

Tăierea pielii începând cu vârfurile degetelor

Cât poate fi de înfricoşător când sufletul aude zgomotul făcut de instrumente şi un mesager al iadului se apropie de el cu un rânjet care dă fiori!

„Acest cuţit îmi va tăia în curând carnea...
Acel topor îmi va tăia în curând membrele
Ce pot să fac?

Cum voi putea îndura durerea?"

Doar groaza în sine aproape că îl sufocă pe acest om. Îşi reaminteşte mereu că este legat bine de un copac, că nu se poate mişca şi sfoara este atât de strânsă încât îi pătrunde în piele. Cu cât încearcă mai mult să scape, cu atât sfoara se strânge mai tare în jurul lui. Mesagerul iadului se apropie de el şi începe să-i taie pielea, începând cu vârfurile degetelor. O bucată de piele acoperită de sânge cade jos. Îi sunt scoase unghiile şi, în scurt timp, îi vor fi tăiate degetele. Mesagerul iadului îi taie carnea începând de la degete, apoi de la încheietura mâini şi până la umeri. Din braţe îi vor rămâne doar oasele. După aceea, mesagerul iadului trece la gambe iar apoi la coapse.

Până când se văd organele interne

Un mesager al iadului începe să îl taie pe abdomen. Când sunt expuse cele cinci organe vitale şi cele şase organe cavitare mesagerul le scoate şi le aruncă, după care taie şi celelalte organe cu instrumentele sale ascuţite.

Până în acest moment, sufletul a fost conştient şi a urmărit întreg procesul: cum îi era tăiată carnea în bucăţi şi intestinele scoase afară. Imaginaţi-vă că vă leagă cineva şi începe să vă taie din trup bucată cu bucată, de mărimea unei unghii, începând cu dosul palmelor. Când cuţitul vă atinge carnea începeţi să sângeraţi şi să simţiţi durerea, iar teama pe care o experimentaţi nu poate fi redată în cuvinte. În mormântul de jos, când primiţi pedepse de al treilea nivel acestea nu se limitează la o parte din corp, ci la tot trupul, din cap până în picioare și toate organele interne sunt scoase afară una câte una.

Gândiți-vă din nou la sashimi, un fel de mâncare japonez făcut din pește crud. Bucătarul i-a îndepărtat oasele și pielea și i-a tăiat carnea cât de mărunt posibil. Este aranjat apoi în farfurie în forma unui pește viu. Peștele pare a fi viu și îi puteți vedea branhiile mișcându-i-se încă. Bucătarul din restaurant nu are milă de pește, dacă ar avea nu și-ar putea face slujba.

Vă îndemn să vă rugați pentru părinți, pentru soț sau soție, rude și prieteni. Dacă nu sunt mântuiți și ajung în iad, vor suferi din cauza torturilor în care mesagerii iadului, care sunt fără milă, le vor tăia pielea și le vor rade oasele. Este datoria noastră de creștini să răspândim Vestea Bună, pentru că, în Ziua Judecății, vom da socoteală înaintea lui Dumnezeu de orice persoană pe care am fi putut-o aduce în Cer.

Ochii sufletului îi sunt străpunși

De această dată, mesagerul iadului ia un burghiu în loc de un cuțit. Sufletul știe deja ce îl așteaptă pentru că nu este prima dată când trece printr-o astfel de suferință; a fost torturat în acest mod de sute și mii de ori din ziua în care a ajuns în mormântul de jos. Mesagerul se apropie de suflet, îi străpunge bine ochiul cu un burghiu și lasă un pic burghiul în globul ocular. Cât de speriat trebuie să fie sufletul când vede cum se apropie tot mai mult burghiul! Agonia prin care trece când îi este străpuns ochiul în acest fel nu se poate descrie în cuvinte.

Este însă acesta sfârșitul torturilor? Nu. Fața sufletului încă nu a fost atinsă. Acum însă mesagerul iadului începe să-i taie obrajii, nasul, fruntea și restul feței. Nu uită să-i taie pielea de pe urechi, gât și buze. După ce gâtul este ciopârțit puțin câte puțin se subțiează atât de mult încât se desprinde de trunchi. Acesta este sfârșitul unei sesiuni de tortură, dar marchează începutul unei noi runde.

Sufletul nu poate striga sau plânge

După scurt timp, părțile trupului lui care au fost tăiate sunt restaurate, ca și cum nu s-ar fi întâmplat nimic. Acest scurt moment în care părțile trupului sunt restaurate este singurul timp în care durerea și agonia încetează. Însă, această scurtă pauză amintește doar sufletului de torturile care îl așteaptă, de aceea începe să tremure de o teamă incontrolabilă. În timp ce așteaptă să fie torturat din nou, se aude iar sunetul făcut de șlefuirea instrumentelor. Din când în când îngrozitorul mesager în formă de porc îl privește cu un rânjet. Mesagerul este gata pentru o nouă repriză de tortură. Chinurile care aduc atâta agonie încep din nou. Credeți că ați putea suporta acest tratament? Nicio parte din trupul vostru nu va deveni insensibilă la instrumentele de tortură sau la durerea continuă. Cu cât veți fi torturați mai mult, cu atât veți suferi mai mult.

Un suspect aflat în arest, sau un prizonier care urmează a fi torturat știu că ceea ce îi așteaptă va dura puțin timp, cu toate acestea tremură de frică. Să presupunem că un hidos mesager al iadului, sub formă de porc, se apropie de voi cu tot felul de instrumente de tortură în mână care se lovesc unele de altele. Tortura se va repeta la nesfârșit: tăierea pielii și cărnii, scoaterea organelor interne, străpungerea ochilor şi altele ca acestea.

Prin urmare, un suflet din mormântul de jos nu poate striga sau cere de la vreun mesager al iadului milă, viaţă, pedepse mai uşoare sau lucruri de genul acesta. În jurul său se aud doar strigătele şi implorările de milă ale altor suflete şi zgomotul făcut de instrumentele de tortură. În momentul în care sufletul vede un mesager al iadului se face alb ca varul şi rămâne fără glas. Pe deasupra ştie că nu poate scăpa de această suferinţă până nu va fi aruncat în iazul de foc, după judecata dinaintea tronului mare şi alb de la sfârşitul veacurilor (Apocalipsa 20:11). Această realitate cruntă face şi mai dureros chinul prin care trece deja.

ii) Pedeapsa prin umflarea trupului ca un balon

Oricine are un pic de conştiinţă se simte vinovat dacă el sau ea a rănit sentimentele altcuiva. Oricât de mult ar fi urât pe cineva în trecut, dacă mai târziu persoana pe care a urât-o duce o viaţă mizeră nutreşte un sentiment de milă iar cel de ură se diminuează, cel puţin pentru o vreme.

Însă, dacă conştiinţa cuiva a fost însemnată cu fierul roşu, acea persoană este indiferentă la agonia altora şi, pentru a-şi atinge scopurile, este în stare să comită cele mai crunte atrocităţi.

Oamenii trataţi ca un gunoi şi un nimic

În timpul Celui de-al Doilea Război Mondial, sub conducerea nazistă sau a Japoniei, Italiei şi a altor ţări, nenumăraţi oameni

Iadul

au fost folosiți în experimente clandestine groaznice. În esență, acești oameni au înlocuit cobaii, iepurii și alte animale folosite de obicei în acest scop.

De exemplu, pentru a vedea cum ar răspunde un individ sănătos, cât rezistă la diverși agenți patogeni, ce simptome provoacă diverse boli, le-au fost transplantate celule canceroase și viruși. Pentru a obține informații cât mai exacte tăiau stomacul sau deschideau craniul unei persone aflate încă în viață. Pentru a determina cum reacționează o persoană normală la căldură sau frig extrem, scădeau foarte repede temperatura unei camere sau ridicau rapid temperatura unui bazin mic cu apă în care erau închiși subiecții experimentului.

După ce și-au îndeplinit scopul, acești „subiecți" erau de multe ori lăsați să moară în agonie. Se acorda prea puțină atenție valorii sau suferinței acestor oameni.

Cât de cumplit și de barbar trebuie să fi fost pentru prizonierii de război sau pentru alți oameni fără putere, care au devenit subiecții acestor experimente, să-și vadă trupurile tăiate în bucăți fără voia lor, sau infectate cu agenți sau celule patogene și să li se scurgă propria viață înaintea ochilor lor?

Însă, sufletele din mormântul de jos au parte de metode de pedeapsă mai dure decât orice experimente concepute pentru subiecții umani. Cu toate că aceste suflete, femei și bărbați, au fost create după chipul și asemănarea lui Dumnezeu și-au pierdut demnitatea și valoarea astfel că sunt tratate ca niște gunoaie în mormântul de jos.

După cum nu avem compasiune pentru gunoi, nici mesagerii iadului nu au compasiune pentru aceste suflete. Mesagerii iadului nu au milă, nici compasiune pentru ei și nicio pedeapsă nu le se pare prea mare.

Oasele se împrăștie și pielea pleznește

Prin urmare, mesagerii iadului privesc aceste suflete ca pe niște obiecte de joacă. Ei le umflă trupurile și le pasează de la unul la altul.

Este greu de imaginat o astfel de scenă: cum poate fi umflat ca o minge corpul unei ființe umane care este lung și drept? Ce se întâmplă cu organele interne?

Pe măsură ce organele interne și plămânii sunt umflate, coastele și vertebrele care protejează organele se fărâmițează una câte una, bucățică cu bucățică. Pe lângă aceasta mai apare și durerea de nesuportat a pielii care este întinsă la maxim.

Mesagerii iadului se joacă cu aceste trupuri umflate ale sufletelor nemântuite din mormântul de jos, iar când se plictisesc, le înțeapă stomacurile cu sulițe ascuțite. Se sparg la fel cum se sparge un balon care împrăștie bucăți de cauciuc, însă în acest caz se împrăștie bucăți de piele și sânge peste tot.

În scurtă vreme însă, trupurile acestor suflete se refac și sunt așezate din nou în locul inițial al pedepsei. Cât de groaznic poate fi acest lucru? Cât timp trăiau pe pământ, aceste suflete au fost iubite de alții, s-au bucurat de un anume statut social, sau cel puțin puteau beneficia de niște drepturi umane fundamentale.

În mormântul de jos nu pot cere niciun drept și sunt tratați ca o piatră de pe drum pe care calcă lumea; existența lor nu are nicio valoare.

Iadul

Eclesiastul 12:13-14 ne reaminteşte:

> *Să ascultăm dar încheierea tuturor învăţăturilor: Teme-te de Dumnezeu şi păzeşte poruncile Lui. Aceasta este datoria oricărui om. Căci Dumnezeu va aduce orice faptă la judecată, şi judecata aceasta se va face cu privire la tot ce este ascuns, fie bine, fie rău.*

În urma judecăţii lui Dumnezeu, aceste suflete au devenit nişte simple obiecte de joacă pentru mesagerii iadului.

Prin urmare, trebuie să fim conştienţi că, dacă nu ne îndeplinim datoria de oameni, care înseamnă să ne temem de Dumnezeu şi să-I păzim poruncile, nu vom mai fi consideraţi suflete preţioase făcute după chipul şi asemănarea lui Dumnezeu, ci vom fi supuşi la cele mai dure pedepse în mormântul de jos.

5. Pedeapsa primită de Pilat din Pont

În vremea morţii lui Isus, Pilat din Pont a fost un guvernator roman din regiunea Iudeii, Palestina de azi. Din ziua în care a pus piciorul în mormântul de jos, a primit pedepse de al treilea nivel, care includ biciuire. Care este însă motivul pentru care Pilat este torturat?

În pofida faptului că ştia că Isus era neprihănit

Deoarece Pilat a fost dregător în Iudeea, era nevoie de acordul

Pedepsele primite de cei care mor după vârsta pubertății

său pentru a-L răstigni pe Isus. În calitate de vicerege, Pilat stăpânea peste toată Iudeea și avea spioni în mai multe locuri din regiune. Prin urmare, din moment ce Isus a predicat Evanghelia în regiunea în care locuia El și Pilat, acesta aflase de minunile făcute de Isus, de mesajul de dragoste pe care L-a transmis, de vindecarea bolnavilor, de faptul că Îl vestea pe Dumnezeu și altele ca acestea. Din rapoartele primite de la spionii săi, Pilat a tras concluzia că Isus era un om bun și nevinovat.

Mai mult decât atât, deoarece Pilat cunoștea planul iudeilor care doreau cu tot dinadinsul să-L omoare pe Isus, a încercat din răsputeri să-L elibereze. Cu toate acestea, deoarece Pilat era convins că, dacă nu împlinea dorința evreilor vor apărea tulburări în rândul maselor din provincia sa, a ajuns să-L dea pe Isus să fie răstignit, la cererea evreilor. Dacă s-ar fi produs o răscoală în jurisdicția sa, datorită responsabilității pe care o purta viața lui Pilat putea să fie amenințată.

În final, conștiința lașă a lui Pilat i-a determinat destinația după moarte. La fel cum soldații romani L-au biciuit pe Isus la porunca lui Pilat înainte de răstignire, tot astfel și Pilat trebuie să sufere aceeași pedeapsă: să fie biciuit continuu de către mesagerii iadului.

Pilat este biciuit de fiecare dată când îi este menționat numele

Isus a fost biciuit astfel: la capătul bucăților de piele erau legate bucăți de metal sau oase. La fiecare lovitură, biciul se înfășura în jurul trupului lui Isus, iar oasele și bucățile de metal de la capătul biciului îi sfâşiau pielea. Când era tras înapoi biciul smulgea bucăți de carne de pe rănile făcute, în care intraseră bucățile de metal și os, lăsând urme mari și adânci.

Tot astfel, de câte ori oamenii de pe acest pământ îi spun numele lui Pilat, de atâtea ori mesagerii iadului îl biciuiesc în mormântul de jos. În timpul unui serviciu religios, mulți creștini spun Crezul Apostolilor, iar ori câte ori se recită partea cu „a suferit sub Ponțiu Pilat," acesta este biciuit. Când sute și mii de oameni îi pomenesc numele, pentru că recită în același timp, tăria și intervalul dintre lovituri cresc foarte mult. Uneori, mesagerii iadului se strâng în jurul lui Pilat pentru a se ajuta unul pe altul să-l biciuiască.

Deși trupul lui Pilat a fost rupt în bucăți și acoperit de sânge, mesagerii iadului îl biciuiesc ca și cum s-ar afla într-o competiție unii cu alții. Biciuirea sfâșie carnea lui Pilat, scoate la iveală oasele și ajunge până la măduvă.

Limba i-a fost tăiată pentru totdeauna

În timp ce este torturat, Pilat strigă mereu „Vă rog să nu-mi mai pomeniți numele! De câte ori o faceți eu sufăr și sufăr." Cu toate acestea, nu se aude niciun sunet din gura lui. Limba i-a fost tăiată pentru că a fost folosită pentru a-L condamna pe Isus la moarte pe cruce. Când sunteți în dureri ajută puțin să puteți striga. Pilat, însă, nu are această posibilitate.

Cazul lui Pilat este mai aparte. În timp ce părțile trupurilor altor suflete din mormântul de jos se regenerează când sunt sunt rănite, tăiate sau arse, limba lui Pilat rămâne tăiată pentru

Pedepsele primite de cei care mor după vârsta pubertăţii

totdeauna ca simbol al unui blestem. Chiar dacă Pilat cere cu stăruinţă oamenilor să nu-i mai spună numele, îi va fi totuşi pomenit până în ziua judecăţii. Cu cât este menţionat mai mult numele lui, cu atât este mai grea suferinţa sa.

Pilat a păcătuit cu voia

Când Pilat L-a dat pe Isus pentru a fi răstignit, a luat apă şi şi-a spălat mâinile în faţa mulţimii spunând: *„Eu sunt nevinovat de sângele neprihănitului acestuia. Treaba voastră!"* (Matei 27:24). Evreii, şi mai înverşunaţi să-L vadă pe Isus omorât, au răspuns: *„Sângele Lui să fie asupra noastră şi asupra copiilor noştri"* (Matei 27:25).

Ce s-a întâmplat cu evreii după ce Isus a fost răstignit? Au fost masacraţi când Ierusalimul a fost cucerit şi distrus de către generalul roman Titus în anul 70 e.n. După aceea, au fost împrăştiaţi în toată lumea şi asupriţi pe pământuri străine. În timpul celui de-al Doilea Război Mondial, au fost fost trimişi forţat în lagăre de concentrare din Europa, în care mai mult de şase milioane de evrei au fost asfinxiaţi în camerele de gazare sau masacraţi în mod brutal. În primele cinci decenii din istoria statului evreu modern, după obţinerea independenţei în anul 1948, Israelul a trebuit să facă mereu faţă ameninţărilor, urii şi opoziţiei armate din partea ţărilor vecine din Orientul Mijlociu.

Deşi evreii şi-au primit răsplata cererii lor: „Sângele Lui să fie asupra noastră şi asupra copiilor noştri," aceasta nu înseamnă că pedeapsa pentru Pilat a fost diminuată în vreun fel. Pilat a păcătuit cu voia. A avut suficiente oportunităţi să nu păcătuiască, dar a făcut-o oricum. Chiar și soția lui, după ce a fost înștiințată într-un vis, l-a îndemnat să nu-L trimită la moarte pe Isus. Însă, Pilat și-a ignorat conștiința și sfatul soției sale și L-a condamnat pe Isus să fie răstignit. Prin urmare, a trebuit să primească pedepse de al treilea nivel în mormântul de jos.

Și azi oamenii comit crime deși știu foarte bine că sunt crime. Dau la iveală secrete despre alții pentru foloasele proprii. În mormântul de jos, al treilea nivel de pedepse este pentru cei care complotează împotriva altora, dau mărturii false, defăimează, formează partide sau ganguri pentru a ucide sau a tortura, se poartă cu lașitate, îi trădează pe alții care trec prin pericole sau dureri și altele ca acestea.

Dumnezeu va cerceta fiecare faptă

După cum Pilat a încredințat sângele lui Isus pe mâna evreilor, spălându-și mâinile, unii oameni dau vina pe alții pentru o situație sau o condiție anume. Însă, responsabilitatea pentru păcat este a fiecăruia în parte. Fiecare persoană are voință liberă și nu are doar dreptul de a lua decizii, ci și responsabilitatea pentru deciziile pe care le ia. Voința liberă ne permite să alegem să credem sau nu în Isus ca mântuitor personal, să păzim cu sfințenie sau nu ziua de odihnă, să îi dăm sau nu întreaga zeciuială lui Dumnezeu și altele ca acestea. Rezultatul alegerilor noastre se va vedea când vom primi fie fericirea veșnică în Cer, fie pedeapsa eternă în iad.

Mai mult, consecința fiecărei decizii pe care ați făcut-o vreodată trebuie să o suportați fiecare în parte, nu puteți da vina pe altcineva. De aceea, nu puteți spune „L-am părăsit pe Dumnezeu datorită persecuției din partea părinților," ori „Nu am putut ține ziua de odihnă, sau nu am putut da toată zeciuiala din cauza soțului sau soției." Dacă cineva are credință, se va teme de Dumnezeu și va păzi toate poruncile Lui.

Pilat, a cărui limbă a fost tăiată din cauza vorbelor pline de lașitate pe care le-a rostit, a fost cuprins de remușcare și regret în timp ce a fost biciuit neîncetat în mormântul de jos. Însă, după moarte nu mai este o a doua șansă pentru Pilat.

În schimb, cei care trăiesc mai au încă o șansă. Prin urmare, trebuie să vă temeți întotdeauna de Dumnezeu și să-I păziți poruncile. În Isaia 55:6-7 citim: *„Căutați pe Domnul câtă vreme se poate găsi; chemați-L, câtă vreme este aproape. Să se lase cel rău de calea lui, și omul nelegiuit să se lase de gândurile lui, să se întoarcă la Domnul care va avea milă de el, la Dumnezeul nostru, care nu obosește iertând."* Dumnezeu este dragoste, de aceea ne arată ce se întâmplă în iad cât timp mai suntem în viață cu scopul de a trezi pe mulți dintre noi din adormirea spirituală și de a ne încuraja să ducem Vestea Bună la cât mai mulți oameni ca și aceștia să poată beneficia de mila și compasiunea Lui.

6. Pedeapsa primită de Saul, primul împărat al lui Israel

În Ieremia 29:11 găsim scris: *„Căci Eu știu gândurile, pe care le am cu privire la voi, zice Domnul, gânduri de pace și* *nu de nenorocire, ca să vă dau un viitor și o nădejde."* Această încurajare a fost dată evreilor când au fost exilați în Babilon. Este o profeție despre iertarea și mila lui Dumnezeu care se vor revărsa peste copiii Săi trimiși în exil ca urmare a păcatelor lor împotriva lui Dumnezeu.

Din același motiv, Dumnezeu ne înștiințează despre iad. Nu o face pentru a blestema necredincioșii și păcătoșii, ci pentru a răscumpăra pe cei care poartă povara grea ca robi ai lui Satan și ai diavolului și pentru a împiedica pe oamenii creați după chipul Său să ajungă în acel loc cumplit.

Deci, în loc să ne temem de iadul cel groaznic, trebuie să înțelegem dragostea nemărginită a lui Dumnezeu iar, dacă nu sunteți încă credicioși primiți-L pe Isus Cristos ca mântuitor personal de acum înainte. Dacă nu ați trăit după Cuvântul lui Dumnezeu, mărturisindu-vă credința în El, întoarceți-vă de pe calea voastră și ascultați de El.

Saul a continuat în neascultare de Dumnezeu

Când Saul s-a urcat pe tron, a fost foarte smerit. În curând, însă, a devenit prea mândru pentru a mai asculta Cuvântul lui Dumnezeu. A luat-o pe căi nelegiuite iar, în final, Dumnezeu și-a întors fața de la el. Când păcătuiți împotriva lui Dumnezeu, trebuie să vă schimbați modul de gândire și să vă pocăiți fără tăgadă. Nu trebuie să vă găsiți scuze sau să vă ascundeți păcatul. Doar atunci, Dumnezeu vă va primi rugăciunea de pocăință și va deschide calea pentru iertare.

Când Saul a aflat că Dumnezeu l-a uns pe David să

domnească în locul lui, l-a considerat inamicul lui principal și a căutat să-l omoare pe tot parcursul vieții sale. Saul a omorât chiar și preoții care l-au ajutat pe David (1 Samuel 22:18). Asemenea fapte au fost ca o confruntare directă cu Dumnezeu.

Astfel, împăratul Saul a continuat în neascultare și în păcate, dar Dumnezeu nu l-a distrus imediat. Deși Saul l-a urmărit pe David mult timp și era hotărât să-l omoare, Dumnezeu l-a lăsat pe Saul în viață.

Acest lucru a împlint două scopuri. Unul a fost acela de a-l face pe David un vas de cinste și un împărat. Al doilea a fost de a-i da lui Saul suficient timp și oportunități să se pocăiască.

Dacă Dumnezeu ne-ar omorî când am face un păcat demn de moarte, nici unul dintre noi nu ar putea supraviețui. Dumnezeu iartă, așteaptă și iar așteaptă, dar, dacă omul respectiv nu se întoarce la El, Dumnezeu Își va întoarce fața de la el. Saul, însă, nu a înțeles inima lui Dumnezeu și a căutat să împlinească doar dorințele firii sale. În final, Saul a fost rănit foarte grav de niște arcași, după care s-a omorât cu propria lui sabie (1 Samuel 31:3-4).

Trupul lui Saul atârnă în aer

Care este pedeapsa pe care o primește Saul, cel arogant? Stă atârnat în aer cu o suliță ascuțită înfiptă în abdomen. Lama suliței este înțesată cu obiecte tăioase care seamănă cu niște sfredele ascuțite și margini de săbii.

Iadul

Este foarte dureros să fii atârnat în aer, dar este și mai groaznic să fii suspendat cu o suliță înfiptă în abdomen, iar greutatea trupului sporește și mai mult durerea. Sulița taie abdomenul cu marginile ascuțite și cu sfredelele, iar, din moment ce carnea este sfâșiată, mușchii, oasele și intestinele sunt expuse.

Din când în când, un mesager al iadului se apropie de Saul și răsucește sulița, iar lamele ascuțite și sfredelele atașate îi sfâșie mai tare trupul. Această răsucire face să îi plesnească plămânii, inima, stomacul și intestinele.

La scurt timp după ce Saul îndură tortura aceasta groaznică în care intestinele îi sunt făcute bucăți, toate organele sale îi sunt restaurate. Odată ce organele interne sunt refăcute, mesagerul iadului se apropie de Saul și repetă tortura. În timp ce suferă, Saul reflectă la toate momentele și oportunitățile de pocăință pe care le-a ignorat în viață.

De ce nu am făcut voia lui Dumnezeu?
De ce m-am împotrivit lui Dumnezeu?
Ar fi trebuit să ascult
mustrarea profetului Samuel!
Ar fi trebuit să mă pocăiesc
când fiul meu Ionatan m-a rugat cu lacrimi!
Dacă nu aș fi fost atât de înverșunat împotriva lui David, pedeapsa mea ar fi fost mai ușoară...

Este de prisos să îi pară rău lui Saul sau să vrea să se pocăiască după ce a ajuns în iad. Durerea este de nesuportat când cineva este atârnat în aer cu o suliță în burtă, dar când mesagerul iadului se apropie de Saul pentru o altă rundă de tortură, acesta este copleșit de teamă. Durerea îndurată doar cu câteva momente în urmă este încă atât de vie pentru el încât aproape că se sufocă la gândul suferințelor care urmează.

Saul poate că îi imploră „Vă rog, lăsați-mă în pace!" sau „Vă rog nu mă torturați!" dar este în zadar. Cu cât Saul este mai speriat cu atât este mai încântat mesagerul iadului. El va răsuci sulița din nou și din nou, iar agonia prin care trece Saul de a avea trupul sfâșiat se repetă la nesfârșit.

Mândria merge înaintea căderii

În multe biserici din zilele noastre are loc următorul scenariu. La început, un creștin nou Îl primește pe Isus și este umplut cu Duhul Sfânt. Pentru o vreme, Îl slujește pe Dumnezeu și pe slujitorii Săi plin de zel. După aceea, însă, începe să nu mai asculte de voia lui Dumnezeu, de biserica Lui și de slujitorii Săi. Dacă continuă așa, va începe să judece și să condamne pe alții cu Cuvântul lui Dumnezeu pe care l-a auzit. Este foarte probabil să devină arogant în fapte.

Prima dragoste pe care a avut-o pentru Domnul s-a diminuat cu timpul, iar nădejdea sa –care la început era pentru Cer – este acum la lucrurile de pe pământ – lucruri pe care le abandonase. Chiar și în biserică, acest om dorește să fie slujit de alții, devine lacom după bani și avere și caută să-și satisfacă dorințele firești.

Când a fost sărac, poate s-a rugat astfel: „Doamne te rog binecuvintează-mă cu bogății materiale." Ce se întâmplă când primește această binecuvântare? În loc să o folosească pentru a ajuta pe cei săraci, pe misionari și lucrarea lui Dumnezeu, risipește binecuvântarea lui Dumnezeu pe plăcerile acestei lumi.

Pentru aceste lucruri, Duhul Sfânt din inima acestui credincios se mâhnește; duhul său trece prin multe încercări și dificultăți, iar pedeapsa poate să urmeze. Dacă continuă să păcătuiască, conștiința sa devine insensibilă. Poate ajunge să nu mai poată distinge voia lui Dumnezeu de lăcomia din inima lui, ajungând să caute să-și satisfacă doar lăcomia.

Uneori poate deveni invidios pe slujitorii lui Dumnezeu care sunt admirați și iubiți de membrii bisericii. Poate ajunge să-i incrimineze pe nedrept și să dăuneze lucrărilor lor. Mai mult, poate ajunge să creeze dezbinare în biserică ceea ce duce la fărâmițarea bisericii în care locuiește Cristos.

O astfel de persoană contiuă să-L înfrunte pe Dumnezeu și devine o unealtă a lui Satan și a diavolului, iar în final se aseamănă cu Saul.

Dumnezeu stă împotriva celor mândri dar dă har celor smeriți

În 1 Petru 5:5 citim *„Tot așa și voi, tinerilor, fiți supuși celor bătrâni. Și toți în legăturile voastre, să fiți împodobiți cu smerenie. Căci, Dumnezeu stă împotriva celor mândri, dar celor smeriți le dă har."* Cei mândri judecă mesajul pe care îl aud de la amvon. Acceptă ceea ce este în concordanță cu părerea lor, dar resping lucrurile cu care nu sunt de acord. Gândurile oamenilor diferă de cele ale lui Dumnezeu. Nu puteți spune că-L iubiți pe Dumnezeu și credeți în El dacă acceptați doar lucrurile care se potrivesc părerii voastre.

În 1 Ioan 2:15 primim următorul îndemn: *„Nu iubiți lumea, nici lucrurile din lume. Dacă iubește cineva lumea, dragostea Tatălui nu este în El."* Astfel, dacă dragostea lui Dumnezeu nu este cu acel om, el sau ea nu are părtășie cu Dumnezeu. De aceea, dacă spuneți că aveți părtășie cu El, dar umblați în întuneric, mințiți și nu trăiți adevărul (1 Ioan 1:6).

Trebuie să aveți grijă și vă cercetați mereu pentru a vedea dacă ați devenit mândri, dacă vreți să fiți slujiți în loc să slujiți voi altora și dacă nu cumva dragostea pentru această lume s a furișat în inimile voastre.

7. Al patrulea nivel de pedepse primite de Iuda Iscarioteanul

Am vazut că primul, al doilea și al treilea nivel de pedepse din mormântul de jos sunt atât de groaznice și de pline de barbarism încât depășesc orice imaginație. Ne-am uitat și la multe din motivele pentru care aceste suflete primesc pedepse atât de dure.

De acum încolo, haideți să luăm în discuție și cele mai de temut pedepse din mormântul de jos. Care sunt câteva exemple de pedepse de al patrulea nivel și ce păcate au făcut aceste suflete pentru a le primi?

Păcatul de neiertat

Biblia ne spune că unele păcate pot fi iertate prin pocăință, dar alte păcate nu pot fi iertate, şi anume păcatele care duc la moarte (Matei 12:31-32; Evrei 6:4-6, 1 Ioan 5:16). Oamenii care Îl hulesc pe Duhul Sfânt păcătuiesc cu voia, deşi cunosc adevărul, şi acest lucru se aplică acestei categorii de păcate, de aceea vor merge în adâncurile mormântului de jos.

De exemplu, vedem de multe ori oameni vindecaţi sau cărora le-au fost rezolvate problemele prin harul lui Dumnezeu. La început, lucrează cu bucurie pentru Dumnezeu şi pentru biserica Lui. Însă, de multe ori sunt ispitiţi de lume şi în final Îi întorc spatele lui Dumnezeu.

Se desfată din nou cu plăcerile lumii, dar, de data aceasta, o fac mai mult ca înainte. Aduc ruşine bisericii şi îi jignesc şi pe alţi creştini şi slujitori ai lui Dumnezeu. De multe ori, cei care îşi declară public credinţa în Dumnezeu sunt primii care judecă şi cataloghează alte biserici şi pastori ca „eretici" în conformitate cu părerile şi perspectiva lor. Când văd o biserică umplută cu puterea Duhului Sfânt şi miracolele lui Dumnezeu, făcute prin slujitorii Lui, se grăbesc să judece pe toţi membrii bisericii ca „eretici" sau consideră lucrările lui Dumnezeu ca fiind făcute de Satan, doar pentru că nu înţeleg astfel de lucruri.

L-au părăsit pe Dumnezeu şi nu mai pot primi un duh de pocăinţă. Cu alte cuvinte, asemenea oameni nu se pot pocăi de păcatele lor. Prin urmare, după moarte, asemenea creştini vor primi pedepse mai grele decât cei care nu au crezut în Isus Cristos ca mântuitor personal şi au ajuns în mormântul de jos.

În 2 Petru 2:20-21 găsim scris: *„În adevăr, dacă, după ce au scăpat de întinăciunile lumii, prin cunoaşterea Domnului şi Mântuitorului nostru Isus Hristos, se încurcă iarăşi şi sunt* *biruiți de ele, starea lor de pe urmă se face mai rea decât cea dintâi. Ar fi fost mai bine pentru ei să nu fi cunoscut calea neprihănirii, decât, după ce au cunoscut-o, să se întoarcă de la porunca sfântă, care le fusese dată."* Acești oameni au neascultat Cuvântul lui Dumnezeu și L-au provocat pe Dumnezeu deși au cunoscut Cuvântul și, de aceea, vor fi pedepsiți mult mai aspru decât cei care nu au crezut.

Oameni cu o conștiință însemnată cu fierul roșu

Sufletele care primesc pedepse de al patrulea nivel nu au făcut doar păcate de neiertat, dar au și o conștiință însemnată cu fierul roșu. Unii dintre acești oameni au devenit complet robi ai dușmanului Satan și ai diavolului, care s-au ridicat împotriva lui Dumnezeu și s-au împotrivit vehement Duhului Sfânt. Este ca și cum L-ar răstignit pe Isus în persoană.

Isus, mântuitorul nostru, a fost răstignit pentru a aduce iertare de păcate și pentru a elibera oamenii de sub blestemul morții veșnice. Sângele lui scump a răscumpărat pe toți cei care au crezut în El, dar blestemul asupra oamenilor care primesc pedepse de al patrulea nivel îi face să nu mai poată primi mântuire nici chiar prin sângele lui Isus Cristos. Prin urmare, au fost osândiți să fie răstigniți pe propria lor cruce și să-și primească pedepsele în mormântul de jos.

Iuda Iscarioteanul, unul dintre cei doisprezece ucenici ai lui Isus și, poate cel mai cunoscut trădător din istoria omenirii, este cel mai bun exemplu. Iuda L-a văzut cu ochii săi pe Fiul lui Dumnezeu în trup omenesc. El a devenit unul dintre ucenicii lui

Iadul

Isus, a învațat Cuvântul, a fost martor la multe semne și minuni. Cu toate acestea, Iuda nu s-a putut lepăda de lăcomia și de păcatul său până la sfârșit. În final, Iuda a fost îndemnat de Satan și astfel L-a vândut pe învățătorul său pentru treizeci de arginți.

Indiferent de cât de mult ar fi dorit Iuda să se pocăiască

Cine credeți că este mai vinovat: Pilat din Pont, care L-a dat pe Isus să fie răstignit, sau Iuda Iscarioteanul, care L-a vândut pe Isus evreilor? Replica dată de Isus la una dintre întrebările lui Pilat ne oferă răspunsul:

> *"N-ai avea nici o putere asupra Mea," i-a răspuns Isus, "dacă nu ți-ar fi fost dată de sus. De aceea, cine Mă dă în mâinile tale, are un mai mare păcat"* (Ioan 19:11).

Păcatul lui Iuda este unul grav într-adevăr, un păcat de care nu poate fi iertat și pentru care nu primește un duh de pocăință. Când a înțeles Iuda cât de mare i-a fost păcatul, i-a părut rău și a dat banii înapoi, dar nu a mai primit un duh de pocăință.

În final, neputând să mai suporte povara păcatului său și chinuit de remușcări, Iuda Iscarioteanul s-a sinucis. Versetul din Faptele Apostolilor 1:18 descrie sfârșitul tragic al lui Iuda, care *"a dobândit un ogor cu plata nelegiuirii lui, a căzut cu capul în jos, a plesnit în două prin mijloc, și i s-au vărsat toate măruntaiele."*

Iuda stă atârnat pe o cruce

Ce pedeapsă primeşte Iuda în mormântul de jos? În adâncurile mormântului de jos, Iuda stă atârnat pe cruce în prim plan, iar apoi sunt aliniate crucile celor care L-au înfruntat şi ei pe Dumnezeu într-un mod foarte categoric. Este o privelişte asemănătoare cu a unei gropi commune, a unui cimitir plin de morţi după un război de anvergură, sau a unui abator plin cu animale moarte.

Răstignirea este una dintre cele mai nemiloase pedepse chiar şi în lumea noastră. Folosirea răstignirii a fost folosită ca pildă şi ca semnal de avertizare pentru toţi criminalii, sau pentru cei care se gândeau să comită crime. Oricine stă atârnat pe cruce, lucru care este o agonie mai cruntă decât moartea însăşi, pentru câteva ore – timp în care omului respectiv îi sunt dislocate părţi ale trupului, sângerează şi este înţepat de insecte – îşi doreşte să-şi dea ultima suflare cât mai repede.

În această lume, agonia răstignirii durează cel mult o jumătate de zi. Însă, în mormântul de jos, unde tortura nu are sfârşit şi moartea nu mai este, chinul pedepsei prin crucificare va continua până în ziua judecăţii.

Iuda poartă o cunună de spini, care continuă să crească şi îi pătrund în piele, îi străpung ţeasta şi îi perforează creierul. Pe lângă aceasta, la picioarele lui sunt nişte vietăţi care par a fi nişte animale agitate. Dar, dacă privim mai atent, vedem că sunt alte suflete care au căzut în mormântul de jos şi care îl chinuie şi ele pe Iuda. În această lume, L-au sfidat pe Dumnezeu şi s-au dedat la rău pentru că au avut o conştiinţă însemnată cu fierul roşu. Şi ei primesc pedepse grele şi sunt torturaţi, iar cu cât sunt torturaţi mai rău, cu atât devin mai violenți. În consecință, ca modalitate de a-și exprima mânia și agonia îl înțeapă pe Iuda cu sulițe.

Pe urmă, mesagerii iadului își bat joc de Iuda spunând: „Acesta este cel care L-a vândut pe Mesia! El ne-a făcut lucrurile mai ușoare! Bravo lui! Ce caraghios!"

Măcinat puternic de gânduri pentru că L-a vândut pe Fiul lui Dumnezeu

În mormântul de jos, Iuda Iscarioteanul nu are de îndurat doar torturi fizice, ci și psihice. Își va aminti mereu că a fost blestemat pentru că L-a vândut pe Fiu lui Dumnezeu. În plus, datorită faptului că numele Iuda Iscarioteanul a devenit un sinonim pentru trădate în această lume, supliciul său va crește corespunzător.

Isus a știut dinainte că Iuda îl va trăda și ce i se va întâmpla lui Iuda după moarte. De aceea, Isus a încercat să-l câștige pe Iuda prin Cuvânt, dar a știut că acesta nu va putea fi câștigat. Prin urmare, Isus îl deplânge în Marcu 14:21 – *„Fiul omului, negreșit, Se duce după cum este scris despre El. Dar vai de omul acela, prin care este vândut Fiul omului! Mai bine ar fi fost pentru el, să nu se fi născut."*

Cu alte cuvinte, dacă un om primește primul nivel de pedepse, care sunt cele mai ușoare, ar fi fost mai bine dacă nu s-ar fi născut pentru că durerea de care are parte este atât de mare și de greu de suportat. Dar ce putem spune atunci de Iuda? El primește cele mai grele pedepse!

Pentru a nu ajunge în iad

Cine se teme de Dumnezeu și Îi păzește poruncile? Acela care sfințește ziua de odihnă și Îi dă zeciuiala lui Dumnezeu – două elemente fundamentale din viața lui Cristos.

Sfințirea zile de odihnă simbolizează recunoașterea suveranității lui Dumnezeu peste lumea spirituală. Ținerea zilei de odihnă servește ca semn distinctiv care vă recunoaște și vă diferențiază ca și copii ai lui Dumnezeu. Dacă nu sfințiți ziua de odihnă, indiferent cât de mult vă mărturisiți credința în Dumnezeu Tatăl, nu există o validare spirituală că ați fi unul dintre copiii lui Dumnezeu. Într-un astfel de caz, nu aveți altă opțiune decât să mergeți în iad.

Când Îi dați zeciuiala voastră lui Dumnezeu înseamnă că Îi recunoașteți suveranitatea peste lucrurile pe care le dețineți. De asemenea, înseamnă că recunoașteți și înțelegeți faptul că întreg universul aparține doar lui Dumnezeu. Conform versetului din Maleahi 3:9 evreii au fost blestemați după ce L-au „înșelat" [pe Dumnezeu]. El a creat întreg universul și ne-a dat viață. El ne dă lumina soarelui și ploaie ca să trăim, energie ca să lucrăm și protecție peste lucrul fiecărei zile. Dumnezeu este stăpân peste tot ceea ce avem. Cu toate acestea, deși tot ceea ce câștigăm aparține lui Dumnezeu, El ne-a permis să-I dăm doar a zecea parte din veniturile noastre și să folosim restul. DOMNUL oștirilor spune în Maleahi 3:10 – *"Aduceți însă la casa vistieriei toate zeciuielile, ca să fie hrană în Casa Mea; puneți-Mă astfel la încercare, zice Domnul oștirilor, și veți vedea dacă nu vă voi deschide zăgazurile cerurilor, și dacă nu voi*

Iadul

turna peste voi belşug de binecuvântare." Atât timp cât îi rămânem credincioşi în ceea ce priveşte zeciuiala, Dumnezeu, conform promisiunii sale, va deschide zăgazurile Cerurilor şi va turna peste noi aşa un belşug de binecuvântare că nu vom avea loc pentru el. Însă, dacă nu Îi daţi lui Dumnezeu zeciuiala, înseamnă că nu credeţi în promisiunea binecuvântării pe care a făcut o, nu aveţi credinţă pentru mântuire, iar, din moment ce L-aţi furat pe Dumnezeu nu aveţi altă opţiune decât să mergeţi în iad.

Prin urmare, trebuie să sfinţiţi ziua Domnului, să Îi daţi zeciuială Celui ce este stăpân peste toate şi să păziţi toate poruncile Sale pe care le găsiţi în toate cele şaizeci şi şase de cărţi ale Bibliei. Mă rog ca niciunul dintre cititorii acestei cărţi să nu ajungă în iad.

În acest capitol am luat în discuţie diferite modalităţi de pedepse – împărţite în principal în patru niveluri – primite de sufletele condamnate din mormântul de jos. Cât de înfricoşător şi de groaznic poate fi acest loc?

2 Petru 2:9-10 ne spune că: *„Înseamnă că Domnul ştie să izbăvească din încercare pe oamenii cucernici, şi să păstreze pe cei nelegiuiţi, ca să fie pedepsiţi în ziua judecăţii: mai ales pe cei ce, în pofta lor necurată, umblă poftind trupul altuia, şi dispreţuiesc stăpânirea."*

Oamenii răi care păcătuiesc, fac rău şi se amestecă sau tulbură lucrarea bisericii nu se tem de Dumnezeu. Astfel de oameni, care îl sfidează cu impertinenţă pe Dumnezeu nu pot şi nu ar trebui să caute sau să aștepte să primească ajutorul lui Dumnezeu în încercări și nenorociri. Vor rămâne în adâncimile mormântului de jos și vor primi pedepse după felul și gravitatea faptelor lor rele, până la ziua judecății dinaintea tronului mare și alb.

Cei care duc vieți bune, neprihănite și devotate ascultă întotdeauna de Dumnezeu în credință. Astfel, când răutatea oamenilor a umplut pământul și Dumnezeu a trebuit să deschidă zăgazurile cerurilor, vedem că doar Noe și familia lui a fost cruțați (Geneza 6-8).

Și noi trebuie să fim copii ascultători ai lui Dumnezeu în tot ceea ce facem, asemenea lui Noe care s-a temut de Dumnezeu, a ascultat de poruncile Lui și, prin urmare, a scăpat de judecată și a fost mântuit, ca astfel să devenim copii adevărați ai lui Dumnezeu și să facem voia Sa.

Capitolul 6

Pedepsele primite pentru hula împotriva Duhului Sfânt

1. Torturați într-un vas cu lichid fierbinte
2. Urcând pe o stâncă perpendiculară
3. Gura este arsă cu un fier încins
4. Mașinării de tortură imense
5. Legat de trunchiul unui copac

*Şi orişicui va vorbi împotriva Fiului omului,
i se va ierta; dar oricui va huli împotriva
Duhului Sfînt, nu i se va ierta.*
- Luca 12:10 -

*Căci cei ce au fost luminaţi odată, şi au gustat darul ceresc,
şi s'au făcut părtaşi Duhului Sfînt, şi au gustat Cuvîntul cel bun
al lui Dumnezeu şi puterile veacului viitor- şi cari totuş au căzut,
este cu neputinţă să fie înoiţi iarăş, şi aduşi la pocăinţă,
fiindcă ei răstignesc din nou pentru ei,
pe Fiul lui Dumnezeu, şi -L dau să fie batjocorit.*
- Evrei 6:4-6 -

Pedepsele primite pentru hula împotriva Duhului Sfânt

În Matei 12:31-32 Isus ne avertizează: *"De aceea vă spun: Orice păcat și orice hulă vor fi iertate oamenilor; dar hula împotriva Duhului Sfânt nu le va fi iertată. Oricine va vorbi împotriva Fiului omului, va fi iertat; dar oricine va vorbi împotriva Duhului Sfânt, nu va fi iertat nici în veacul acesta, nici în cel viitor."*

Isus a rostit aceste cuvinte în fața evreilor, care Îl mustraseră pentru că predicase Evanghelia și făcuse lucrări prin putere divină, spunând că era mânat de un duh necurat și că minunile erau făcute prin puterea dușmanului Satan și a diavolului.

Chiar și în zilele noastre, mulți oameni care își mărturisesc credința în Cristos condamnă bisericile în care au loc lucrări puternice și minuni prin Duhul Sfânt și le cataloghează drept „eretice," sau spun că fac „lucrările diavolului" doar pentru că nu le pot înțelege sau accepta. Însă, cum se poate extinde Împărăția lui Dumnezeu și cum poate fi dusă Evanghelia în toată lumea fără puterea și autoritatea care vine de la Dumnezeu, în alte cuvinte, fără lucrările Duhului Sfânt?

Împotrivirea față de lucrările Duhului Sfânt nu este diferită de împotrivirea față de Dumnezeu Însuși. Prin urmare, Dumnezeu nu îi va recunoaște ca pe niște copii ai Săi pe cei care se opun lucrărilor Duhului Sfânt, indiferent de cât de mult se consideră ei „creștini."

De aceea, dacă cineva, după ce a văzut și a experimentat prezența lui Dumnezeu împreună alți slujitori ai Lui, etichetează biserica și slujitorii lui Dumnezeu ca „eretici" înseamnă că, de fapt, se împotrivește și-L hulește pe Duhul Sfânt și va putea ajunge doar în fundul iadului.

Dacă o biserică, un pastor, sau oricare din slujitorii lui Dumnezeu, Îl recunosc pe Dumnezeul Triun, cred în autoritatea Bibliei ca şi Cuvânt al lui Dumnezeu şi o prezintă şi altora astfel, sunt conştienţi că există o viaţă de apoi, care va fi în Cer sau în iad, şi cred că Dumnezeu este suveran peste toate, iar Isus este mântuitorul nostru şi Îi prezintă astfel, nimeni nu poate şi nu trebuie să condamne şi să catalogheze biserica, pastorul sau pe slujitorii lui Dumnezeu ca „eretici."

Am fondat biserica Manmin în 1982 şi am condus nenumărate suflete la mântuire prin lucrarea Duhului Sfânt. În mod paradoxal, cei care s-au împotrivit lui Dumnezeu împiedicând lucrările şi ţelurile bisericii şi care au împrăştiat zvonuri neadevărate despre mine şi despre biserică au fost dintre cei care au experimentat personal lucrările lui Dumnezeu.

Dumnezeu mi-a arătat nu doar agonia şi chinul din iad, dar şi pedepsele care îi aşteaptă pe cei care se împotrivesc, nu ascultă şi îl hulesc pe Duhul Sfânt. Ce fel de pedepse vor primi aceştia?

1. Torturaţi într-un vas cu lichid fierbinte

Regret şi blestem legământul de căsătorie
pe care l-am făcut cu soţul meu
De ce sunt aici în acest loc nenorocit?
M-a amăgit şi am ajuns aici din cauza lui!

Aşa se tânguieşte o soţie care suferă pedepse de al patrulea nivel în mormântul de jos. În acest spaţiu întunecat şi sumbru se aud vaietele ei pentru că soţul ei a amăgit-o ca să se împotrivească şi ea lui Dumnezeu.

Soţia, deşi avea păcate în inimă, se temea totuşi de Dumnezeu. De una singură, nu se împotrivea Duhului Sfânt şi nu se lupta cu Dumnezeu. Însă, pentru că a căutat să-şi împlinească dorinţele fireşti, conştiinţa sa s-a lăsat influenţată de cea a soţului ei, care era rea, şi împreună s-au împotrivit foarte mult lui Dumnezeu şi lucrării Lui.

Aceşti soţi, care a făcut mult rău împreună, sunt pedepsiţi amândoi chiar şi în mormântul de jos, unde vor suferi din cauza faptelor lor rele. Ce fel de pedepse vor primi ei oare?

Soţii sunt torturaţi pe rând

Vasul emană o duhoare insuportabilă, iar sufletele condamnate sunt băgate pe rând în lichidul fierbinte, care clocoteşte. Când un mesager al iadului pune câte un suflet în acest vas, temperatura ridicată face ca pe tot corpul lui să apară imediat băşici – ca şi pe spatele unei broaşte – iar ochii îi ies din orbită.

Când încearcă să scape de această tortură şi îşi scoate capul din vas, nişte picioare imense calcă peste el şi îl scufundă. Pe tălpile acestor picioare imense ale mesagerilor iadului sunt un fel de cuie de fier sau alamă cu care provoacă răni adânci şi vânătăi sufletelor când le calcă.

După un timp, sufletele îşi scot din nou capul deoarece nu mai pot îndura durerea provocată de arsură. La fel ca şi înainte, sunt călcate în picioare şi scufundate în vas. Deoarece aceste suflete sunt torturate pe rând, dacă soțul este în vas soția trebuie să privească agonia soțului și viceversa.

Vasul este transparent, astfel că se poate vedea totul din afară. La început, când soțul sau soția îl văd pe cel iubit cum este torturat și chinuit în acest mod îngrozitor, strigă cerând milă unul pentru celălat.

Soția mea este acolo!
Vă rog scoateți-o afară!
Vă rog scutiți-o de astfel de chinuri.
Nu, nu călcați peste ea!
Vă rog, scoateți-o afară!

După o vreme, însă, implorările soțului încetează. După ce a fost pedepsit de câteva ori, și-a dat seama că, în timp ce soția lui suferă, el primește o pauză fiindcă la ieșirea ei din vas, este rândul lui să intre.

Se învinuiesc și se blestemă unul pe altul

Perechile căsătorite din această lume nu vor mai fi cupluri în Cer. Cu toate acestea, acestă pereche va rămâne un cuplu și în mormântul de jos și cei doi vor primi pedepse împreună. Deoarece știu că sunt pedepsiți cu schimbul, implorările lor s-au schimbat complet.

Nu, nu, vă rog nu o scoateți încă afară.
Lăsați-o să mai stea acolo puțin.

Vă rog lăsați-o acolo,
să mă mai pot odihni puțin.

Soția dorește ca soțul să sufere continuu, iar soțul la rândul lui imploră ca soția să stea în vas cât de mult posibil. Cu toate acestea, faptul că îl urmăresc pe celălalt cum suferă nu înseamnă că se pot odihni de fapt. Pauzele scurte nu pot să îi ajute să se refacă după o astfel de agonie de durată, în special când soțul știe că urmează după soția lui și invers. Mai mult, când unul dintre ei este torturat și îl vede pe celălalt cum cere ca tortura să dureze cât mai mult, cei doi se blestemă unul pe altul.

Acesta este un exemplu clar de dragoste firească. Realitatea dragostei firești – și realitatea iadului – este că, dacă unul suferă în chinuri groaznice, el sau ea dorește mai degrabă ca celălalt să fie torturat în locul său.

Soția regretă că s-a împotrivit lui Dumnezeu „din cauza soțului" și îi reamintește acestuia, spunându-i: „Din cauza ta sunt aici!" Ca răspuns, cu vocea ridicată, soțul își blestemă și își învinuiește soția care l-a susținut și a participat la faptele lui rele.

Cu cât cei doi păcătuiesc mai mult...

Mesagerii iadului din mormântul de jos se bucură atât de mult și sunt încântați când văd cum soții se blestemă reciproc și îi imploră pe mesageri să-l pedepsească pe celălalt mai mult și mai sever.

Privește-i cum se blestemă unul pe altul chiar și aici!

Răutatea lor ne delectează de-a dreptul!

Mesagerii iadului parcă s-ar uita la un film interesant, iar în unele momente devin şi mai atenţi şi înteţesc mai tare focul ca să se distreze mai bine. Cu cât suferă mai tare soţul şi soţia cu atât se blestemă mai tare şi, în consecinţă, râsul mesagerilor se aude şi mai tare.

Trebuie să înţelegem un lucru aici. Când oamenii păcătuiesc în această lume, duhurile rele se bucură tot mai mult şi sunt încântate. Tot astfel, cu cât păcătuiesc mai mult oamenii, cu atât se îndepărtează mai tare de Dumnezeu.

Când întâmpinaţi dificultăţi şi faceţi compromisuri cu lumea, sunteţi mereu nemulţumiţi, vă plângeţi şi nutriţi sentimente de amărăciune faţă de anumite persoane sau circumstanţe, duşmanul diavolul vine la voi în grabă şi vă măreşte dificultăţile şi greutăţile.

Oamenii înţelepţi, care cunosc legile lumii spirituale, nu se plâng, nu-şi exprimă nemulţumirea, ci aduc mulţumiri în toate circumstanţele şi îşi mărturisesc credinţa în Dumnezeu cu o atitudine pozitivă, îndreptându-şi inima spre El întotdeauna. Mai mult, dacă vă aflaţi într-o situaţie dificilă sau dacă un om rău vă face greutăţi, purtaţi-vă după îndemnul din Romani 12:21 *„Nu te lăsa biruit de rău, ci biruieşte răul prin bine,"* lăsând toate lucrurile în mâna lui Dumnezeu şi făcând faţă răului întotdeauna prin bine.

Când urmăriţi binele şi umblaţi în lumină veţi avea putere şi autoritate asupra duhurilor rele. Astfel, duşmanul Satan şi diavolul nu pot să vă determina să faceţi rău şi toate dificultăţile voastre vor dispărea mai uşor. Dumnezeu se bucură când copiii Săi se poartă şi trăiesc după credinţa bună.

În niciun caz nu trebuie să daţi frâu liber pornirilor rele dinăuntrul vostru cum ar dori Satan şi diavolul, ci să gândiţi potrivit cu adevărul şi să vă purtaţi cu credinţă pentru a fi plăcuţi lui Dumnezeu Tatăl.

2. Urcând pe o stâncă perpendiculară

Chiar dacă sunteţi un slujitor al lui Dumnezeu, un diacon sau un lucrător în biserica Lui, este foarte probabil ca, într-o zi, să deveniţi pradă lui Satan dacă nu vă tăiaţi inima împrejur şi continuaţi să păcătuiţi. Unii oameni Îi întorc spatele lui Dumnezeu pentru că iubesc lumea, alţii nu mai frecventează biserica după ce au fost ispitiţi, iar alţi oameni se împotrivesc lui Dumnezeu prin faptul că zădărnicesc planurile bisericii şi lucrarea de misiune, lucru care îi conduce pe calea morţii.

Un caz în care o familie întreagă L-a înşelat pe Dumnezeu

Ceea ce urmează este o istorisire despre familia unui om care odată a slujit biserica lui Dumnezeu cu credincioşie. El şi cei din familie nu şi-au tăiat împrejur inimile care erau pline de lăcomie şi iuţime. Prin urmare, şi-au exercitat influenţa asupra altor membri din biserică şi au păcătuit în mod repetat. În final, pedeapsa lui Dumnezeu s-a abătut asupra lor, astfel că tatăl familiei a fost diagnosticat cu o boală gravă. Întreaga familie s-a strâns laolaltă și au început să se pocăiască sincer în rugăciune și să se roage pentru viața tatălui.

Dumnezeu le-a primit rugăciunile de pocăință și l-a vindecat pe tatăl familiei. În acel timp, Dumnezeu mi-a spus ceva neașteptat: „Dacă îi iau duhul acum, el ar putea primi măcar o mântuire mai puțin onorabilă, dar dacă îl las să mai trăiască, nu va mai primi niciun fel de mântuire."

Nu am înțeles ce a vrut să spună, dar câteva luni mai târziu, când am văzut purtarea familiei am început să înțeleg. Un membru al familiei fusese un slujitor credincios al bisericii mele. Însă, a început să pună piedici în biserica lui Dumnezeu și în Împărăția Lui spunând lucruri mincinoase despre biserică și făcând multe fapte rele. În final, toată familia a fost înșelată de cel rău și s-a îndepărtat de Dumnezeu.

Când fostul lucrător al bisericii mele s-a împotrivit și L-a hulit pe Duhul Sfânt, restul familiei a făcut păcate de neiertat, iar tatăl, care fusese vindecat prin rugăciunea mea, a murit la scurt timp. Dacă tatăl ar fi murit cât timp mai avea puțină credință, ar fi fost mântuit, însă, și-a lepădat credința și nu a mai avut o șansă să fie mântuit. Mai mult, fiecare membru al familiei lui va ajunge în mormântul de jos, unde a ajuns și tatăl, și vor fi pedepsiți cu toții. Ce fel de pedepse vor primi?

Urcă pe o stâncă perpendicular fără să aibă odihnă

În locul în care este pedepsită această familie, se găsește o stâncă perpendiculară. Această stâncă este atât de înaltă încât nu

Pedepsele primite pentru hula împotriva Duhului Sfânt

i se vede capătul, iar în jur se aud țipete înspăimântătoare. Cam pe la jumătatea stâncii se găsesc trei suflete care sunt pedepsite, iar de la distanță arată ca niște puncte mici.

Ele se cațără pe acestă stâncă aspră și dură cu mâinile și picioarele goale. Pielea li se roade și li se jupoaie din cauza frecării ca și cum mâinile și picioarele le-ar fi date cu șmirghel. Trupurile le sunt acoperite cu sânge. Motivul pentru care se cațără pe această stâncă atât de greu de accesat este că fug de un mesager al iadului care zboară peste acea zonă.

După ce urmărește puțin cum aceste suflete se urcă pe stâncă, mesagerul iadului își ridică mâinile iar atunci insecte mici, care arată exact ca acest mesager, se împrăștie peste toată zona, la fel cum se pulverizează apa dintr-un spray. Cu gurile deschise și arătându-și dinții, aceste insecte încep să se cațere pe stâncă în urmărirea sufletelor.

Imaginați-vă că vedeți sute de miriapode, tarantule sau gândaci de bucătărie de mărimea unui deget care acoperă toată podeaua când intrați în casă. De asemenea, imaginați-vă că toate aceste insecte se îndreaptă toate deodată spre voi.

Doar priveliștea aceasta este suficientă ca să vă înspăimânte, dar dacă toate aceste viețăți se îndreaptă deodată spre voi, acesta ar putea fi cel mai înfricoșător moment din viața voastră. Dacă ele vi se mai și cațără pe picioare, pe mâini și pe tot corpul, cum ar putea cineva descrie o astfel de experiență îngrozitoare?

În mormântul de jos, este greu de spus dacă sunt sute sau mii de astfel de viețăți. Sufletele știu doar că este un număr imposibil de calculat și că sunt pradă acestora.

Iadul

Nenumărate insecte se reped spre cele trei suflete

Văzând insectele la baza stâncii, suflete se cațără din ce în ce mai repede. Nu trece mult și insectele le ajung și le acoperă cu repeziciune, astfel că sufletele cad la pământ unde sunt devorate de aceste insecte îngrozitoare.

Durerea pe care o simt aceste suflete când trupul lor este mistuit este atât de mare încât strigă ca niște fiare și se zvârcolesc, dar este în zadar. În încercarea de a-și scutura insectele de pe trup se împing și se calcă unii pe alții în picioare și, în același timp, își fac reproșuri și se blestemă. În mijlocul acestei agonii, fiecare dă la iveală mai mult rău decât celălalt și își caută doar folosul propriu continuând să blesteme pe ceilalți. Mesagerii iadului se bucură să vadă acest lucru mai mult decât orice.

Apoi, când mesagerul iadului, care planează asupra acelui loc, își întinde mâinile și strânge insectele, acestea dispar într-o clipită. Sufletele nu mai simt mușcătura insectelor, cu toate acestea nu renunță la cățărat. Știu foarte bine că mesagerul zburător va da drumul insectelor în curând, de aceea încearcă din răsputeri să escaladeze din nou stânca. În această liniște sinistră aparentă, sufletele sunt copleșite de frica pedepsei care urmează și se străduiesc să urce pe stâncă.

Durerea datorată loviturilor făcute la cățărare nu poate fi ignorată ușor. Însă, teama de insectele care vin să le devoreze trupurile este mai mare, astfel că cele trei suflete nu se mai uită la corpul lor mânjit cu sânge și se cațără cât de repede pot. Ce priveliște jalnică!

3. Gura este arsă cu un fier încins

Proverbe 18:21 ne spune că: *"Moartea și viața sunt în puterea limbii; oricine o iubește, îi va mânca roadele."* În Matei 12:36-37 Isus ne atenționează astfel: *" Vă spun că, în ziua judecății, oamenii vor da socoteală de orice cuvânt nefolositor, pe care-l vor fi rostit. Căci din cuvintele tale vei fi scos fără vină, și din cuvintele tale vei fi osândit."* Ambele pasaje transmit același mesaj, și anume, că vom da socoteală înaintea lui Dumnezeu de vorbele noastre și că El ne va judeca corespunzător.

Pe de-o parte, cei care spun lucruri bune, după adevăr, aduc roade bune după vorbele lor. Pe de altă parte, cei care rostesc lucruri rele, fără credință, aduc roade după spusele care le-au ieșit de pe buzele lor rele. De multe ori vedem cum vorbele spuse cu nepăsare pot aduce multă durere și suferință.

Fiecare cuvânt are consecințe

Datorită persecuției din partea familiei, unii credincioși spun sau se roagă astfel: „Dacă familia mea ajunge să se pocăiască printr-un accident, merită să se accidenteze." În momentul în care dușmanul Satan și diavolul aud aceste cuvinte, îl pârâsc pe acest om înaintea lui Dumnezeu spunând: „Cuvintele pe care le-a spus acest om trebuie să se împlinească." Astfel, vorbele acestea devin semințe, iar accidentul, în urma căruia oamenii rămân cu handicapuri și alte probleme, are loc.

Oare, este necesar să vă provocați suferință cu astfel de vorbe prostești și fără rost? Din păcate, mulți oameni se clatină când dau de greutăți. Unii nici nu își dau seama că se confruntă cu dificultăți datorate cuvintelor nesăbuite pe care le-au rostit, iar alții nici nu-și mai aduc aminte de spusele care le-au adus asemenea necazuri.

Prin urmare, nu uitați că fiecare cuvânt are consecințe fie pozitive, fie negative, de aceea trebuie să ne purtăm întotdeauna cu înțelepciune și să ne înfrânăm limba. Indiferent de intenția voastră, dacă ceea ce spuneți nu este frumos și bun, Satan poate cu ușurință – și o va face negreșit – să vă facă să dați socoteală de vorbele voastre și astfel veți avea parte de necazuri de multe ori de prisos.

Ce se întâmplă cu cineva care minte intenționat cu privire la biserica lui Dumnezeu și cu privire la slujitorul Său iubit și, prin urmare, pune piedici în calea lucrării de misiune a bisericii și se împotrivește lui Dumnezeu? El sau ea va cădea sub influența lui Satan și va primi pedepse in iad.

Ceea ce urmează este doar un exemplu de pedepse primite de cei care s-au împotrivit Duhului Sfânt prin cuvintele lor.

Oameni care s-au împotrivit Duhului Sfânt prin vorbele lor

Este vorba de o persoană care a frecventat și a slujit în biserica mea timp îndelungat, ocupând diverse poziții. Însă, nu și-a tăiat inima împrejur, care este de departe cel mai important lucru cerut tuturor creștinilor. Pe dinafară, părea să fie, din toate punctele de vedere, un lucrător credincios care Îl iubea pe

Dumnezeu, biserica Lui și pe ceilalți membrii ai bisericii.

Un om din familia lui fusese vindecat de o boală incurabilă, care l-ar fi putut lăsa cu un handicap permanent, iar altcineva din familie fusese înviat din pragul morții. Pe lângă acestea, familia lui a avut multe experiențe și binecuvântări de la Dumnezeu, dar totuși el nu și-a tăiat inima împrejur și nu s-a lepădat de rău.

Prin urmare, când biserica a trecut prin dificultăți serioase, familia lui a fost ispitită de Satan să trădeze biserica. El nu a mai ținut seama de harul și binecuvântările pe care le primise prin intermediul acestei biserici și a plecat din biserica pe care a slujit-o atâția ani. Mai mult, a început să se întoarcă împotriva bisericii și, ca și cum ar fi fost implicat într-o misiune de evanghelizare, a început să viziteze alți membri ai bisericii și să le tulbure credința.

Chiar dacă ar fi părăsit biserica datorită nesiguranței din credința lui, ar fi avut posibilitatea să primească îndurarea lui Dumnezeu în final, dacă nu ar fi vehiculat lucruri pe care nu le cunoștea și ar fi încercat să discearnă binele de rău.

Însă, nu a biruit răul și a păcătuit prea mult cu limba, astfel încât ceea ce îl așteaptă este doar o răsplată dureroasă.

Trupul se zvârcolește, iar gura îi este arsă

Un mesager al iadului îi arde gura cu un fier încins pentru că s-a împotrivit mult Duhului Sfânt prin cuvintele pe care le-a rostit. Acest mod de pedeapsă este similar cu cel primit de Pilat din Pont, care L-a condamnat pe Isus să fie răstignit prin porunca pe care a rostit-o, iar acum limba i-a fost scoasă pentru totdeauna în mormântul de jos.

Pe lângă aceasta, sufletul este obligat să intre într-un tub de sticlă care are nişte dispositive de oprire la fiecare bază, la care se găsesc nişte mânere de metal. Când mesagerii iadului rotesc mânerele, trupul sufletului aflat înăuntru este răsucit. Trupul continuă să fie contorsionat în timp ce se toarnă peste el apă murdară de la o cârpă de spălat pe jos, iar sângele ţâşneşte prin ochi, nas, gură şi alte orificii. În final, trupul este răsucit atât de mult încât este stors tot sângele şi lichidul din celule.

Vă puteţi imagina câtă forţă este necesară pentru a stoarce o picătură de sânge dintr-un deget?

Însă, sângele şi lichidul sunt stoarse nu doar dintr-o porţiune ci din tot corpul acestui suflet, din cap până în picioare. Toate oasele şi muşchii îi sunt răsucite şi fărâmiţate, iar celulele sunt distruse pentru că toate lichidele sunt stoarse până la ultima picătură. Cât de dureros poate fi acest lucru!

În final, tubul de sticlă este umplut cu sânge şi lichid din trup, iar de la distanţă pare a fi o sticlă de vin roşu. După ce mesagerii iadului răsucesc corpul acestui suflet până când este stoarsă ultima picătură de lichid, îl lasă în pace puţin pentru ca trupul să se refacă.

Însă, chiar dacă trupul este restaurat, ce nădejde mai are acest suflet? Din clipa în care trupul îi este refăcut, răsucirea şi stoarcerea trupului se repetă la nesfârşit. Cu alte cuvinte, momentele dintre torturi sunt doar o continuare a chinului.

Pentru că a acţionat împotriva Împărăţiei lui Dumnezeu prin vorbele pe care le-a rostit, buzele acestui suflet sunt arse şi, ca răsplată pentru că a ajutat lucrarea lui Satan, fiecare picătură din trupul lui este stoarsă.

În lumea spirituală, un om culege ce a semănat, iar ceea ce face altora i se face şi lui. Vă rog să nu uitaţi acest lucru şi să nu vă lăsaţi biruiţi de rău, ci să trăiţi o viaţă care să aducă slavă lui Dumnezeu prin fapte şi vorbe bune.

4. Maşinării de tortură imense

Acest suflet a experimentat lucrările Duhului Sfânt când a fost vindecat de boală şi de slăbiciune. După aceea, s-a rugat din tot sufletul pentru a avea o inimă tăiată împrejur. Viaţa sa a fost călăuzită de Duhul Sfânt, a adus roade, a primit laudele şi dragostea celor din biserică şi a fost ordinat ca slujitor.

Acaparat de propria-i mândrie

După ce a câştigat lauda şi simpatia celor din jur, a început să devină arogant, nu s-a mai văzut pe sine cum ar fi trebuit şi, fără să-şi dea seama nu a mai continuat să-şi taie inima împrejur. Fusese întotdeauna un om iute la mânie şi invidios, dar, în loc să se lepede de aceste lucruri, a început să-i judece şi să-i condamne pe cei care erau buni şi să nutrească sentimente de animozitate faţă de cei care nu erau de acord cu el sau nu-l plăceau.

Odată ce un om este prins în capcana propriei sale mândrii şi păcătuieşte, dă la iveală mai mult rău şi nu se mai poate înfrâna, nici nu mai doreşte să asculte sfatul cuiva. Acest suflet care a făcut rău peste rău, a fost prins în cursa lui Satan şi S-a împotrivit fățiș lui Dumnezeu.

Mântuirea nu este completă când Îl primiți pe Duhul Sfânt. Chiar dacă sunteți umpluți cu Duhul Sfânt, experimentați harul Domnului și Îl slujiți pe Dumnezeu, sunteți totuși ca un alergător într-o cursă de maraton care este încă departe de linia de sosire – sfințirea. Oricât de bine ar alerga atletul, dacă se oprește sau leșină înainte de linia de sosire, nu îl ajută la nimic. Mulți oameni aleargă spre ținta finală – Cerul. Indiferent cât de repede ați alergat până la un punct, indiferent cât de mult v-ați apropiat de linia de sosire, dacă vă opriți din cursă, acela este sfârșitul alergării pentru voi.

Nu presupuneți că stați în picioare

Dumnezeu ne spune că dacă suntem „căldicei" vom fi lepădați (Apocalipsa 3:16). Chiar dacă sunteți oameni ai credinței, trebuie să fiți mereu umpluți cu Duhul Sfânt; să rămâneți înflăcărați pentru Domnul și să luați cu asalt Împărăția lui Dumnezeu. Dacă vă opriți din cursă la jumătatea drumului, nu puteți fi mântuiți, la fel ca și cei care nu au intrat deloc în cursă.

Din acest motiv, apostolul Pavel, care a fost credincios lui Dumnezeu din toată inima lui, a mărturisit: „*În fiecare zi eu sunt în primejdie de moarte; atât este de adevărat lucrul acesta, fraților, cât este de adevărat că am de ce să mă laud cu voi în Hristos Isus, Domnul nostru*" (1 Corinteni 15:31) și „*mă port aspru cu trupul meu, și-l țin în stăpânire, ca nu cumva, după ce am propovăduit altora, eu însumi să fiu lepădat*" (1

Corinteni 9:27).

Chiar dacă sunteți într-o poziție în care-i învățați pe alții, dacă nu vă lepădați de gândurile voastre și nu vă purtați aspru cu trupul vostru să-l țineți în stăpânire, cum a făcut și Pavel, Dumnezeu vă va lepăda. Aceasta *"pentru că potrivnicul vostru, diavolul, dă târcoale ca un leu care răcnește, și caută pe cine să înghită"* (1 Petru 5:8).

În 1 Corinteni 10:12 citim: *"Astfel dar, cine crede că stă în picioare, să ia seama să nu cadă."* Lumea spirituală este nesfârșită, iar procesul prin care trecem pentru a ne asemăna tot mai mult cu Dumnezeu nu are nici el sfârșit. După cum un fermier seamănă primăvara, cultivă vara și recoltează toamna, tot astfel și voi trebuie să creșteți pentru a vă desăvârși și pregăti cât mai bine sufletul pentru întâlnirea cu Domnul Isus.

Răsucirea capului și străpungerea lui cu unghiile

Ce fel de pedepse îl așteaptă pe acest suflet care nu a mai continuat să-și taie inima împrejur pentru că a crezut că stă în picioare, însă a căzut?

Este torturat de o mașinărie care se aseamănă cu un mesager al iadului, adică un înger căzut. Această mașinărie este de câteva ori mai mare decât mesagerul și îi dă fiori sufletului numai când o privește. Pe mâinile mașinăriei sunt unghii ascuțite, mai mari decât înălțimea unei ființe umane.

Această mașinărie îl apucă pe suflet de gât cu mâna dreaptă, iar unghiile de la mâna stângă îi răsucesc capul și îi pătrund până la creier. Vă puteți imagina cât de dureros poate fi acest lucru?

Iadul

Durerea fizică este extraordinară, însă cea psihică este și mai mare. Înaintea ochilor i se perindă, cu repeziciune, ca într-o peliculă, cele mai frumoase momente din viața sa: fericirea pe care a simțit-o când a experimentat harul lui Dumnezeu, cum L-a lăudat cu bucurie, momentul în care a fost gata să împlinească porunca lui Isus care spune: „Duceți-vă și faceți ucenici din toate neamurile" și altele ca aceasta.

Tortură psihică și batjocură

Pentru acest suflet, fiecare scenă pe care o vede este ca un pumnal în inimă. El fusese odată un slujitor al Dumnezeului Atotputernic și fusese plin de nădejde că va merge să locuiască în slava Noului Ierusalim. Acum este însă închis în acest loc groaznic. Contrastul acesta izbitor îi frânge inima. Acest suflet nu mai poate îndura acest chin psihic și își îngroapă în palme capul ciufulit și plin de sânge. Imploră milă și sfârșitul torturilor, dar această agonie nu are sfârșit.

După puțin timp, mașinăria de tortură îl lasă la sol. Atunci, mesagerii iadului, care au urmărit cum suferă pe acest suflet, îl înconjoară și îl batjocoresc spunând: „Cum ai putut fi tu un slujitor al lui Dumnezeu? Ai devenit un apostol al lui Satan și acum ești amuzamentul lui."

În timp ce ascultă aceste batjocuri și plânge cu suspine strigând după milă, cele două degete de la mâna dreaptă ale mașinăriei de tortură îl apucă de gât. Fără să ia în seama la zvârcolirile acestui suflet, mașinăria îl ridică până la nivelul gâtului și îi înțeapă capul cu unghiile de la mâna stângă. Apoi, îi provoacă mai mult chin prin faptul că îi prezintă din nou acele imagini din timpul vieții. Această tortură va continua până în ziua judecății.

5. Legat de trunchiul unui copac

Aceasta este pedeapsa unui fost slujitor al lui Dumnezeu, care învățase cândva pe membrii bisericii sale și ocupase poziții importante.

S-a împotrivit Duhului Sfânt

Acest suflet a dorit mult faimă, câștiguri materiale și putere. Și-a dus la îndeplinire sarcinile, dar nu și-a conștientizat ticăloșia. La un moment dat, a încetat să se roage și prin urmare, nu a mai continuat să-și taie inima împrejur. Fără să-și dea seama, înăuntrul lui au început să apară și să crească, precum ciupercile otrăvitoare, tot felul de lucruri rele, iar când biserica pe care o slujea a trecut printr-o criză majoră, a fost acaparat imediat de puterea lui Satan.

Când s-a împotrivit Duhului Sfânt, după ce a fost ispitit de Satan, păcatele sale au fost mai grave deoarece fusese un lider în biserică și a influențat pe mulți membri în mod negativ, punând piedici în calea creșterii Împărăției lui Dumnezeu.

Supus și la tortură și la batjocură

Acest om primește o pedeapsă în care este legat de trunchiul unui copac în mormântul de jos. Pedeapsa lui nu este la fel de severă ca a lui Iuda Iscarioteanul, dar este totuși nemiloasă și de nesuportat.

Mesagerul iadului îi arată acestui suflet o serie de imagini cu cele mai frumoase momente din viața lui, în special când Îl slujea cu credincioșie pe Dumnezeu. Această tortură psihică îi reamintește că a trăit fericit odată și că a avut șansa de a primi din plin binecuvântările lui Dumnezeu, dar nu și-a tăiat niciodată inima împrejur din cauza lăcomiei și a fățărniciei, iar acum este aici pentru a primi această pedeapsă cruntă.

De tavan atârnă nenumărate fructe negre, și, după ce îi arată sufletului o scenă din suita de imagini din viața lui, mesagerul iadului arată spre tavan spunând: „Lăcomia ta a adus roade ca acestea!" Apoi, fructele cad una câte una. Fiecare fruct este capul unuia dintre cei care l-au urmat pe acest suflet când s-a împotrivit lui Dumnezeu. Au comis fiecare același păcat ca acest suflet, iar restul trupului lor a fost despărțit de cap, după torturi severe. Le-au rămas doar capetele, care atârnă de tavan. Sufletul legat de copac i-a îndemnat și i-a ispitit pe acești oameni pe pământ să calce pe urmele lui, ale lăcomiei, și să păcătuiască, astfel că au devenit roadele avidității lui.

Batjocura unui slujitor al iadului este ca un semnal care face să cadă fructele la sol una câte una și să se desfacă. Apoi, un cap se rostogolește din sac cu un zgomot. Aceste capete arată similar cu ceea vedeți în unele filme artistice sau documentare istorice ori de acțiune care arată capul tăiat al caracterului cu părul vâlvoi, cu fața acoperită de sânge, cu buze lovite și cu ochii ieșiți din orbite.

Capetele căzute din tavan îl mușcă pe suflet

După ce capetele livide cad din tavan, se agață de suflet una câte una. La început se agață de picioare și încep să le muște.

Apoi, pe dinaintea ochilor acestui suflet se perindă o altă scenă din viața lui, iar mesagerul iadului îl batjocorește din nou, spunând: „Privește, lăcomia ta atârnă așa!" După aceea, cade un alt sac din tavan, se desface și alt cap se agață de suflet și îl mușcă tare de mâini.

În acest fel, de câte ori mesagerul iadului îl batjocorește pe suflet, cade câte un cap din tavan. Aceste capete se agață de trupul acestui suflet, cum atârnă fructele pe un pom încărcat. Durerea mușcăturilor de la aceste capete este complet diferită de cea simțită la mușcătura vreunui animal sau a unui om. Otrava eliberată de dinții ascuțiți ai capetelor migrează de la locul mușcăturii la oase, iar trupul devine negru și rigid. Durerea simțită este atât de mare, încât cea cauzată de mușcăturile de insecte, sau cea simțită când cineva este devorat de fiare sălbatice este incomparabil mai mică.

Sufletele cărora le-au rămas doar capetele au avut de suferit tortura în care trupurile le-au fost separate și sfâșiate. Cât de multă ură au pentru acest suflet? În pofida faptului că s-au împotrivit și ei lui Dumnezeu prin propria lor nelegiuire, dorința de a se răzbuna pe acest suflet pentru faptul că au ajuns aici este însoțită de răutate și disperare. Sufletul știe foarte bine că este pedepsit din cauza lăcomiei. Cu toate acestea, în loc să regrete și să se pocăiască de păcate, este prea preocupat de blestemarea capetelor celorlalte suflete care îl mușcă și îi distrug trupul. În timp, durerea se mărește iar sufletul devine tot mai rău și mai ticălos.

Să nu faceți păcate de neiertat

Am dat cinci exemple de pedepse primite de oameni care s-au împotrivit lui Dumnezeu. Asemenea suflete primesc pedepse mai dure decât alți oameni pentru că, la un moment dat în viețile lor, L-au slujit pe Dumnezeu și Împărăția Lui ca lideri în biserică.

Trebuie să ne amintim că multe dintre sufletele care au ajuns în mormântul de jos și primesc pedepse au avut impresia că au credință în Dumnezeu și L-au slujit pe El, biserica Lui și slujitorii Săi cu credincioșie și râvnă.

Niciodată nu trebuie să vă împotriviți Duhului Sfânt, să vorbiți împotriva Lui sau să Îl huliți. Duhul pocăinței nu va fi dat celor care se împotrivesc Duhului Sfânt, în special datorită faptului că se opun Duhului Sfânt după ce și-au mărturisit credința în Dumnezeu și după ce au experimentat personal lucrările Duhului Sfânt. Prin urmare, ei nu se mai pot pocăi.

De la începutul lucrării mele până astăzi, nu am criticat niciodată alte biserici sau alți slujitori ai lui Dumnezeu și nu i-am condamnat ca „eretici." Dacă alte biserici și alți pastori cred în Dumnezeul Triun, în existența Cerului și iadului și predică mesajul mântuirii prin Isus Cristos, cum pot fi ei eretici?

Mai mult, a condamna și a eticheta o biserică sau un slujitor prin care Dumnezeu își arată autoritatea și prezența înseamnă a te împotrivi Duhului Sfânt. Țineți minte că pentru un astfel de păcat nu există iertare.

Prin urmare, până când adevărul va fi dat la iveală nimeni nu poate condamna pe altcineva ca „eretic." În plus, niciodată nu trebuie să vă împotriviți și să vă ridicați împotriva Duhului Sfânt prin vorbele voastre.

Dacă nu vă îndepliniți slujba dată de Dumnezeu

Trebuie să ne îndeplinim slujba primită de la Dumnezeu în orice circumstanță. Isus a subliniat prin pilda talanților (Matei 25) cât este de important să ne ducem la capăt îndatorirea noastră.

Un om care se pregătea să meargă într-o călătorie și-a chemat slujitorii și le-a dat fiecăruia o parte din averea lui, în funcție de abilitățile lor. A dat cinci talanți primului slujitor, doi la cel de-al doilea și unul la ultimul. Primul și al doilea și-au investit talanții și au câștigat dublu. Însă, slujitorul care primise un singur talant, a făcut o groapă în pământ și a ascuns banii stăpânului. După multă vreme, stăpânul s-a întors și le-a cerut socoteala. Slujitorii care primiseră cinci, respectiv doi talanți i-au adus dublu. Stăpânul i-a lăudat pe fiecare spunând: „Bine, rob bun și credincios!" Slujitorul care primise un singur talant a fost aruncat afară pentru că nu a investit banii să ia dobândă, ci i-a ținut ascunși.

„Talantul" în această pildă se referă la orice slujbă primită din partea lui Dumnezeu. Vedeți că Dumnezeu l-a lepădat pe cel care nu și-a îndeplinit slujba. Cu toate acestea, mulți oameni din zilele noastre își neglijează slujba dată de Dumnezeu. Vreau să vă avertizez că cei care nu și îndeplinesc slujba vor da socoteală în ziua judecății.

Lepădați-vă de fățărnicie și tăiați vă inima împrejur

Isus a subliniat de asemenea și importanța tăierii împrejur a inimii când i-a mustrat pe cărturari și farisei și le-a spus că sunt fățarnici. Aceștia păreau să aibă o viață plină de credință, dar inimile lor erau pline de necurăție de aceea Isus i-a mustrat spunând că sunt ca niște morminte văruite.

> *„Vai de voi, cărturari și Farisei fățarnici! Pentru că voi sunteți ca mormintele văruite, care, pe dinafară se arată frumoase, iar pe dinăuntru sunt pline de oasele morților și de orice fel de necurățenie. Tot așa și voi, pe dinafară vă arătați neprihăniți oamenilor, dar pe dinăuntru sunteți plini de fățărnicie și de fărădelege"* (Matei 23:27-28).

Din același motiv, nu vă este de niciun folos să vă machiați sau să vă îmbrăcați cu hainele cele mai alese dacă inima vă este plină de invidie, mândrie și aroganță. Mai mult decât orice, Dumnezeu dorește să vă tăiați inima împrejur și să vă lepădați de orice necurăție.

Evanghelizarea, purtarea de grijă pentru alți membri și slujirea bisericii sunt importante. Însă, cel mai important lucru este să-L iubiți pe Dumnezeu, să umblați în lumină și să deveniți mai mult și mai mult ca El. Trebuie să fiți sfinți după cum Dumnezeu este sfânt și să fiți desăvârșiți după cum Dumnezeu este desăvârșit.

Pe de o parte, dacă râvna voastră pentru Domnul nu vine dintr-o inimă sinceră și dintr-o credință deplină, poate să degenereze și atunci nu va mai fi plăcută Domnului. Pe de altă parte, dacă un om își taie inima împrejur pentru a se sfinți și a se desăvârși, inima acelui om va emana o mireasmă într-adevăr plăcută lui Dumnezeu.

Indiferent cât de mult ați învățat și cunoașteți din Cuvântul lui Dumnezeu, cel mai important lucru este să fiți hotărâți să trăiți pe baza Cuvântului. Nu trebuie să uitați nici măcar un moment de existența iadului îngrozitor, ci să vă curățați inima, iar, când Domnul Isus se întoarce veți fi printre primii care-L îmbrățișează.

1 Corinteni 2:12-14 ne spune: *„Și noi n-am primit duhul lumii, ci Duhul care vine de la Dumnezeu, ca să putem cunoaște lucrurile, pe care ni le-a dat Dumnezeu prin harul Său. Și vorbim despre ele nu cu vorbiri învățate de la înțelepciunea omenească, ci cu vorbiri învățate de la Duhul Sfânt, întrebuințând o vorbire duhovnicească pentru lucrurile duhovnicești. Dar omul firesc nu primește lucrurile Duhului lui Dumnezeu, căci, pentru el, sunt o nebunie; și nici nu le poate înțelege, pentru că trebuie judecate duhovnicește.”*

Fără lucrarea și ajutorul Duhului Sfânt, dat nouă de Dumnezeu, cum ar putea cineva din lumea firească să vorbească despre lucrurile spirituale și să le înțeleagă?

Dumnezeu Însuși mi-a descoperit aceste lucruri despre iad, de aceea sunt adevărate în întregime. Pedepsele din iad sunt atât de îngrozitoare încât, în loc să descriu fiecare detaliu, am prezentat doar câteva cazuri de tortură. De asemenea, nu uitați că printre oamenii care au ajuns în mormântul de jos sunt și cei care au fost odată credincioși lui Dumnezeu.

Dacă nu sunteți vrednici, adică dacă nu continuați să vă rugați și să vă tăiați inima împrejur, veți fi cu siguranță ispitiți de Satan și vă veți împotrivi lui Dumnezeu, iar în final veți fi trimiși în iad.

Mă rog în numele Domnului să înțelegeți cât de înspăimântător și de groaznic este iadul, să vă străduiți să mântuiți cât de multe suflete, să vă rugați cu stăruință, să predicați Evanghelia cu sârguință și să vă cercetați mereu pentru a ajunge la mântuirea deplină.

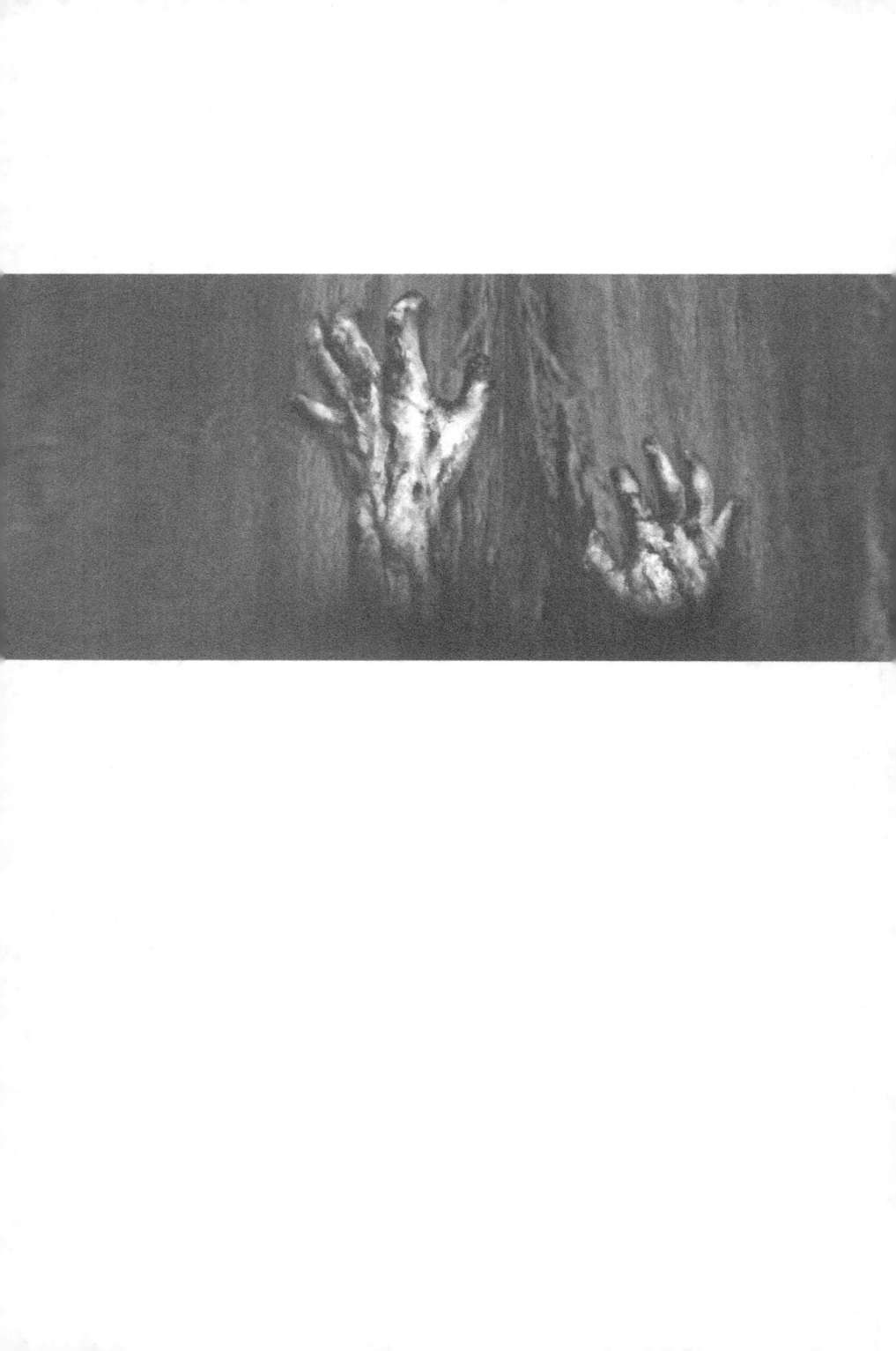

Capitolul 7

Cum se primeşte mântuirea în timpul Necazului cel mare

1. Venirea Domnului şi răpirea
2. Cei şapte ani ai Necazului cel mare
3. Martirajul în timpul Necazului cel mare
4. A doua venire a lui Cristos şi cei o mie de ani
5. Pregătirea ca mireasă a Domnului

*Evanghelia aceasta a Împărăției
va fi propovăduită în toată lumea,
ca să slujească de mărturie tuturor neamurilor.
Atunci va veni sfîrșitul.*
- Matei 24:14 -

*Apoi a urmat un alt înger, al treilea, și a zis cu glas tare:
„Dacă se închină cineva fiarei și icoanei ei, și primește semnul
ei pe frunte sau pe mînă, va bea și el din vinul mîniei lui Dumnezeu,
turnat neamestecat în paharul mîniei Lui; și va fi chinuit în foc
și în pucioasă, înaintea sfinților îngeri și înaintea Mielului.
Și fumul chinului lor se suie în sus în vecii vecilor.
Și nici ziua, nici noaptea n'au odihnă cei ce se închină fiarei
și icoanei ei, și oricine primește semnul numelui ei!"*
- Apocalipsa 14:9-11 -

Cum se primește mântuirea în timpul Necazului cel mare

Când ne uităm cu atenție la ce se întâmplă în zilele noastre sau la profețiile biblice, ne dăm seama că se împlinesc vremurile și că venirea Domnului este tot mai aproape. În ultimii ani, au avut loc numeroase cutremure și inundații de o mare amploare, care se reiau doar o dată la câteva sute de ani.

Pe lângă acestea, au mai avut loc incendii de proporții în păduri, precum și uragane și taifunuri care au lăsat în urmă distrugeri însemnate și un număr mare de victime. În Africa și Asia mulți oameni au avut de suferit din cauza foametei datorate secetei prelungite și au murit. În multe părți ale lumii vremea a fost neobișnuită datorită diminuării stratului de ozon, fenomenelor „El Niño" și „La Niña" și a altor cauze.

Mai mult, nu se întrevede sfârșitul războaielor și al conflictelor între țări, al actelor de terorism și al altor forme de violență. Atrocități care depășesc orice principiu moral sunt la ordinea zilei și ne ajung la cunoștință prin în mass media.

Astfel de fenomene au fost profețite de Isus Cristos acum două mii de ani, ca răspuns la întrebarea ucenicilor: *„Spune-ne, când se vor întâmpla aceste lucruri? Și care va fi semnul venirii Tale și al sfârșitului veacului acestuia?"* (Matei 24:3)

Cât de adevărate sunt următoarele versete în zilele noastre?

Un neam se va scula împotriva altui neam, și o împărăție împotriva altei împărății; și, pe alocuri, vor fi cutremure de pământ, foamete și ciumă. Dar toate aceste lucruri nu vor fi decât începutul durerilor (Matei 24:7-8).

Prin urmare, dacă aveți credință adevărată, trebuie să știți că a doua venire a Domnului este foarte aproape și să vegheați ca și cele cinci fecioare înțelepte (Matei 25:1-13). Trebuie să aveți grijă să nu fiți lăsați afară ca fecioarele neînțelepte care nu și-au pregătit destul ulei pentru candele.

1. Venirea Domnului și răpirea

Domnul Isus a murit pe cruce cam acum două mii de ani, a înviat din morți în a treia zi și s-a înălțat la Cer în fața multor martori. Fapte 1:11 ne spune că *"Acest Isus, care S-a înălțat la cer din mijlocul vostru, va veni în același fel cum L-ați văzut mergând la cer."*

Isus va reveni pe nori

Isus Cristos a deschis calea spre mântuire, a plecat la Cer unde stă la dreapta lui Dumnezeu și ne pregătește un loc. Când Dumnezeu va hotărî și când locașurile noastre din Cer vor fi gata, Isus va veni să ne ia, după cum este scris în Ioan 14:3 *"Și după ce Mă voi duce și vă voi pregăti un loc, Mă voi întoarce și vă voi lua cu Mine, ca acolo unde sunt Eu, să fiți și voi."*

Cum va fi întoarcerea lui Isus?

În 1 Tesaloniceni este prezentată scena în care Isus se va pogorî din Cer însoțit de oastea cerească și îngeri precum și de cei care au murit în Cristos.

Căci însuși Domnul, cu un strigăt, cu glasul unui arhanghel și cu trâmbița lui Dumnezeu, Se va pogorî din cer, și întâi vor învia cei morți în Hristos. Apoi, noi cei vii, care vom fi rămas, vom fi răpiți toți împreună cu ei, în nori, ca să întâmpinăm pe Domnul în văzduh; și astfel vom fi totdeauna cu Domnul.

Cât de minunat va fi când Isus Cristos se va întoarce pe nori înconjurat de o mare oaste cerească și de îngeri! În acel moment, toți oamenii care sunt mântuiți prin credință vor fi ridicați în văzduh și vor participa la Ospățul de șapte ani al nunții.

Cei care au murit deja dar fuseseră mântuiți în Cristos vor fi înviați primii și vor fi ridicați în văzduh, urmați de cei care sunt încă în viață la venirea lui Isus și ale căror trupuri se vor transforma în trupuri nepieritoare.

Răpirea și Ospățul de șapte ani al nunții

Când are loc „Răpirea," credincioșii vor fi ridicați în văzduh. Unde este „văzduhul" despre care vorbește 1 Tesaloniceni 4?

În versetul din Efeseni 2:2 *„în care trăiați odinioară, după mersul lumii acesteia, după domnul puterii văzduhului, a duhului care lucrează acum în fiii neascultării"* văzduhul se referă la locul în care duhurile rele își exercită autoritatea.

Însă, acest loc pentru duhurile rele nu este același cu cel în care va avea loc Ospățul de șapte ani al nunții. Dumnezeu Tatăl a pregătit un loc special pentru acest ospăț. Motivul pentru care locul pregătit pentru ospăț și cel pentru duhurile rele sunt numite „văzduh" este că ambele aparțin aceluiași spațiu. Când priviți bolta cerească vă este greu să vă închipuiți unde este văzduhul – în care Îl vom întâmpina pe Isus și unde va avea loc Ospățul de șapte ani al nunții. Răspunsul la astfel de întrebări le găsiți în „Prelegeri pe cartea Genesa" și în cele două volume ale cărții Cerul. Vă rog să consultați materialele respective pentru că este foarte important să înțelegeți lumea spirituală și să credeți Biblia ca atare.

Vă puteți imagina cât de fericiți vor fi toți cei care cred în Isus, care s-au pregătit ca mireasă a Lui, când Îl vor întâlni în sfârșit pe Mirele lor și vor participa la ospățul nunții de șapte ani?

„Să ne bucurăm, să ne înveselim, și să-I dăm slavă! Căci a venit nunta Mielului; soția Lui s-a pregătit, și i s-a dat să se îmbrace cu in subțire, strălucitor, și curat." – (Inul subțire sunt faptele neprihănite ale sfinților). Apoi mi-a zis: „Scrie: Ferice de cei chemați la ospățul nunții Mielului!" Apoi mi-a zis: „Acestea sunt adevăratele cuvinte ale lui Dumnezeu!" (Apocalipsa 19:7-9)

Pe de-o parte, credincioșii care vor fi ridicați în văzduh vor primi o răsplată pentru că au biruit lumea. Pe de altă parte, cei care nu vor fi ridicați vor fi chinuiți nespus de mult de duhurile necurate, care vor fi alungate din văzduh pe pământ la venirea lui Isus.

2. Cei şapte ani ai Necazului cel mare

În timp ce credincioşii care au fost mântuiţi se bucură la ospăţul nunţii din văzduh alături de Isus timp de şapte ani şi îşi plănuiesc viitorul fericit, toţi cei care au rămas în urmă pe pământ au parte de necazuri fără precedent în acest timp, iar omenirea se confruntă cu dezastre de nedescris.

Cel de-al Treilea Război Mondial şi semnul fiarei

În timpul celui de-al Treilea Război Mondial, care va fi un război nuclear de mare avengură, o treime din copacii de pe pământ vor arde şi o treime din omenire va pieri. În timpul acestui război va fi greu de găsit apă şi aer curat datorită poluării excessive, iar preţul hranei şi al celor necesare va creşte foarte mult.

Va fi prezentat semnul fiarei, adică „666," şi toată lumea va trebui să-l primească, fie pe mâna dreaptă, fie pe frunte. Dacă cineva refuză semnul, identitatea acelei persone nu va fi garantată şi, în consecinţă, el sau ea nu va putea face niciun fel de tranzacţii şi nu va putea cumpăra cele necesare.

> *Şi a făcut ca toţi: mici şi mari, bogaţi şi săraci, slobozi şi robi, să primească un semn pe mâna dreaptă sau pe frunte, şi nimeni să nu poată cumpăra sau vinde, fără să aibă semnul acesta, adică numele fiarei, sau numărul numelui ei. Aici e înţelepciunea. Cine are pricepere, să socotească numărul fiarei.*

Căci este un număr de om. Și numărul ei este: șase sute șaizeci și șase (Apocalipsa 13:16-18).

Printre cei lăsați în urmă după venirea Domnului sunt și cei care au auzit Evanghelia, au mers la biserică și acum își amintesc Cuvântul lui Dumnezeu.

Au fost lăsați în urmă și cei care și-au părăsit credința precum și cei care au avut impresia că au credință în Dumnezeu. Dacă aceștia ar fi crezut Biblia din toată inima, ar fi trăit ca atare.

Însă, au rămas căldicei și s-au gândit astfel: „Voi afla dacă există Cer sau iad numai după ce mor" și astfel nu au avut credința necesară pentru mântuire.

Pedepsele primite de oamenii care primesc semnul fiarei

Astfel de oameni înțeleg doar după Răpire că orice cuvânt din Biblie este adevărat și atunci se mâhnesc și plâng cu amar. Cuprinși de o mare frică, se pocăiesc că nu au trăit după voia lui Dumnezeu și caută cu disperare să ajungă la mântuire. Ei știu că, dacă primesc semnul fiarei vor ajunge în iad, prin urmare fac tot ce pot să nu îl primească. În această situație, ei vor încerca să-și dovedească credința.

Apoi a urmat un alt înger, al treilea, și a zis cu glas tare: „Dacă se închină cineva fiarei și icoanei ei, și primește semnul ei pe frunte sau pe mână, va bea și el din vinul mâniei lui Dumnezeu, turnat neamestecat în paharul mâniei Lui; și va fi chinuit în foc și în pucioasă, înaintea sfinților îngeri și înaintea Mielului. Și fumul chinului lor se suie în sus în vecii vecilor. Și nici ziua, nici noaptea n-au odihnă cei ce se închină fiarei și icoanei ei, și oricine primește semnul numelui ei!" Aici este răbdarea sfinților, care păzesc poruncile lui Dumnezeu și credința lui Isus (Apocalipsa 14:9-12).

Cu toate acestea, nu este ușor să refuze semnul fiarei în special într-o lume în care duhurile rele au pus stăpânire peste toate lucrurile. În același timp, duhurile rele știu că acești oameni vor primi mântuirea dacă refuză să primească semnul 666 și mor ca martiri, de aceea duhurile necurate nu renunță ușor.

Acum două mii de ani, în timpul bisericii primare, mulți conducători au persecutat creștinii prin crucificare, decapitare sau aruncându-i pradă la lei. Dacă ar fi persecutați și omorâți în acest mod, nenumărați oameni ar avea parte o moarte rapidă în timpul Necazului cel Mare. Însă, duhurile rele vor încerca să-i facă pe oameni să se lepede de Isus în orice mod posibil folosind toate resursele de care dispun. Aceasta nu înseamnă că oamenii pot să se sinucidă pentru a scăpa de tortură, deoarece sinuciderea duce doar la iad.

Cei care devin martiri

Am menționat deja câteva din groaznicele metode de tortură folosite de duhurile necurate. Însă, în timpul Necazului cel Mare, vor fi folosite metode de tortură care depăşesc orice imaginaţie. Datorită faptului că tortura este aproape imposibil de suportat, doar un număr mic de oameni ajung să primească mântuire în acel timp.

Prin urmare, trebuie să veghem totdeauna şi să avem acea credinţă care ne va ajuta să fim ridicaţi în văzduh la cea de-a doua venire a lui Cristos.

În timp ce mă rugam, Dumnezeu mi-a dat o viziune în care am văzut oameni rămaşi în urmă după răpire care erau torturaţi în diverse moduri. Am văzut că cei mai mulţi oameni nu au putut rezista torturilor şi, în final, au cedat în faţa duhurilor rele.

Chinurile la care erau supuşi oamenii includeau smulgerea pielii, zdrobirea încheieturilor, tăierea degetelor de la mâini şi de la picioare şi chiar turnarea uleiului încins peste ei. Unii rezistă unor asemenea torturi însă nu pot să-şi vadă părinţii în vârstă sau copilaşii suferind în acest mod şi astfel cedează şi acceptă semnul 666.

Cu toate aceste, există un număr mic de oameni neprihăniţi care înving toate ispitele şi torturile. Aceşti oameni primesc mântuirea. Chiar dacă primesc o mântuire mai puţin onorabilă şi ajung doar în Raiul care aparţine Cerului, sunt bucuroşi şi mulţumitori că nu au ajuns în iad.

Acesta este motivul pentru care avem obligaţia să răspândim mesajul despre iad peste tot în lume. Chiar dacă ni se pare că oamenii nu iau în seamă acum ce le spunem, dacă îşi vor aminti în timpul Necazului cel Mare îi va ajuta să primească mântuirea.

Unii oameni spun că vor muri o moarte de martir pentru a primi mântuirea dacă răpirea are loc cu adevărat.

Însă, dacă nu au avut credință în acest timp de pace, cum ar putea să aibă credință când sunt supuși unor torturi atât de dure? Noi, oamenii, nu putem ști nici ce ni se va întâmpla în următoarele zece minute. Dacă ei mor înainte să aibă oportunitatea să fie omorâți ca martiri îi așteaptă doar iadul.

3. Martirajul în timpul Necazului cel mare

Pentru a vă ajuta să înțelegeți mai bine torturile din timpul Necazului cel Mare și pentru a vă determina să rămâneți treji spiritual ca să nu fiți lăsați în urmă după răpire, dați-mi voie să vă dau exemplul unui suflet.

Din momentul în care a primit harul lui Dumnezeu, această femeie a văzut și a auzit lucruri mărețe, chiar și ascunse despre Dumnezeu. Cu toate acestea, inima ei era plină de rău și avea puțină credință.

Cu asemenea daruri primite de la Dumnezeu a primit îndatoriri importante, a jucat un rol însemnat în lărgirea Împărăției lui Dumnezeu și faptele ei au plăcut de multe ori lui Dumnezeu. Este ușor pentru oameni să gândească astfel: „Oamenii care au sarcini importante în biserică trebuie să aibă o credință mare."

Însă, acest lucru nu este neapărat adevărat. Din perspectiva lui Dumnezeu sunt nenumărați credincioși a căror credință este departe de a fi „mare." Dumnezeu nu se uită la credința firească, ci la cea spirituală.

Dumnezeu doreşte credinţă spirituală

Haideţi să ne uităm puţin la credinţa spirituală în cazul eliberării poporului Israel din Egipt. Evreii au fost martori la cele zece urgii. Au văzut cum s-a despicat Marea Roşie şi cum s-a înecat armata lui Faraon. Au experimentat călăuzirea lui Dumnezeu prin norul din timpul zilei şi prin stâlpul de foc din timpul nopţii. Au mâncat în fiecare zi mană cerească, au auzit vocea lui Dumnezeu din nor şi au văzut flăcările. Au băut apă din stâncă după ce Moise a lovit-o şi au văzut cum apa de la Mara s-a transformat în apă dulce. Deşi au văzut în repetate rânduri semnele şi minunile Dumnezeului celui Viu, credinţa lor nu a fost plăcută înaintea lui Dumnezeu. În final nu au putut intra în ţara promisă a Canaanului (Numeri 20:12).

Pe de-o parte, credinţa fără fapte a cuiva, indiferent cât de mult cunoaşte Cuvântul lui Dumnezeu şi a văzut şi auzit despre lucrările şi minunile Lui, nu este o credinţă adevărată. Pe de altă parte, dacă avem o credinţă spirituală, nu vom înceta să învăţăm din Cuvântul lui Dumnezeu; vom deveni ascultători ai Cuvântului, ne vom tăia inimile împrejur şi ne vom îndepărta de orice rău. A avea o credinţă „mare" sau una „mică" depinde de cât de ascultători suntem faţă de Cuvântul lui Dumnezeu, de măsura în care ne purtăm şi trăim în concordanţă cu acesta şi ne asemănăm cu inima lui Dumnezeu.

Neascultare repetată şi aroganţă

Din acest punct de vedere, această femeie a avut o credinţă

mică. A încercat o vreme să-și taie inima împrejur, dar nu s-a putut lepăda complet de păcat. Pe lângă aceasta, deoarece era într-o poziție în care predica altora Cuvântul lui Dumnezeu, a devenit și mai plină de aroganță.

Această femeie a crezut că avea o credință mare și adevărată. Mai mult, a ajuns să creadă că voia lui Dumnezeu nu poate fi împlinită fără prezența sau contribuția ei. În loc să Îi dea slavă lui Dumnezeu pentru darurile primite din partea Lui, dorea, din ce în ce mai mult, să-și atribuie meritele doar ei însăși. În plus, s-a folosit de ceea ce i-a dat Dumnezeu pentru a-și satisface dorințele firii ei păcătoase.

A fost neascultătoare în mod repetat. Chiar dacă știa că voia lui Dumnezeu era să meargă spre est, ea mergea spre vest. Dumnezeu l-a lepădat pe Saul, primul împărat al lui Israel, datorită neascultării (1 Samuel 15:22-23); astfel nescultarea repetată din partea oamenilor Îl va face pe Dumnezeu să-și întoarcă fața de la ei, chiar dacă odată au fost folosiți de El pentru a promova și lărgi Împărăția Sa.

Această femeie cunoștea Cuvântul, prin urmare era conștientă de păcatele ei și se pocăia mereu. Însă, rugăciunile ei de pocăință erau doar de pe buze, nu din inimă. A ajuns să facă aceleași păcate în mod repetat, ceea ce a făcut ca zidul dintre ea și Dumnezeu să se mărească.

În 2 Petru 2:22 citim: *„Cu ei s-a întâmplat ce spune zicala adevărată:" „Câinele s-a întors la ce vărsase," și „scroafa spălată s-a întors să se tăvălească iarăși în mocirlă."* După ce se pocăia de păcate, ajungea să facă aceleași păcate din nou și din nou.

În final, datorită faptului că a fost cuprinsă de propria

aroganță, de lăcomie și de nenumărate păcate, Dumnezeu Și-a întors fața de la ea și astfel a devenit o unealtă în mâna lui Satan pentru a se împotrivi lui Dumnezeu.

Când ni se dă oportunitatea finală de a ne pocăi

În general, cei care vorbesc de rău, se împotrivesc, sau îl hulesc pe Duhul Sfânt nu pot fi iertați. Nu vor mai primi oportunitatea de a se pocăi și vor ajunge în mormântul de jos.

Cazul acestei femei este însă aparte. În pofida păcatelor și răutății ei care L-au supărat pe Dumnezeu în mod repetat, El îi mai dă o oportunitate de a se pocăi datorită faptului că a fost o unealtă importantă pentru Împărăția Lui. Chiar dacă această femeie nu și-a dus slujba până la capăt și a renunțat la promisiunea slavei și a răsplății din Cer, Dumnezeu îi mai dă totuși o șansă pentru că a fost plăcută înaintea Lui.

Ea continuă să I se împotrivească lui Dumnezeu, iar Duhul Sfânt din ea s-a stins. Cu toate acestea, prin harul special al lui Dumnezeu, această femeie mai are o ultimă șansă de a se pocăi și de a primi mântuirea în timpul Necazului cel Mare prin martiraj.

Mintea ei este încă sub controlul lui Satan, dar după răpire, ea își va veni în fire. Dat fiind faptul că știe foarte bine Cuvântul lui Dumnezeu, cunoaște lucrurile care urmează să se întâmple. După ce își va da seama că singura cale să primească mântuirea este martirajul, ea se va pocăi cu adevărat, va strânge creștinii rămași, se vor închina și vor aduce laude lui Dumnezeu și se vor ruga în timp ce se pregătește pentru martiraj.

Moartea de martir și mântuirea mai puțin onorabilă

Când va veni vremea, va refuza să primească semnul 666, și, prin urmare, va fi luată și torturată de către cei aflați sub controlul lui Satan. Îi vor smulge pielea strat cu strat. Îi vor arde părțile cele mai moi și mai intime ale trupului. Vor folosi o metodă de tortură care să fie cât mai dureroasă și să dureze cât mai mult. În curând, încăperea se va umple de miros de piele arsă. Trupul ei va fi acoperit cu sânge din cap până în picioare, capul îi va fi aplecat, iar fața i se va face vânătă, astfel încât va semăna cu un cadavru.

Dacă poate să îndure aceste chinuri până la sfârșit, va primi cel puțin mântuirea mai puțin onorabilă și va ajunge în Rai, în pofida răutății și nenumăratelor ei păcate din trecut. Acolo, în Rai, la periferia Cerului și locul cel mai îndepărtat de tronul lui Dumnezeu, femeii îi va părea rău și va plânge pentru faptele ei din viață. Desigur, va fi fericită și bucuroasă că va fi fost mântuită. Cu toate acestea, în veșnicie va regreta și va tânji după Noul Ierusalim spunând: „Dacă m-aș fi lepădat de rău și mi-aș fi făcut slujba dată de Dumnezeu din toată inima, aș fi acum în cel mai glorios loc din Noul Ierusalim..." Când va vedea cum trăiesc în Noul Ierusalim oamenii pe care i-a cunoscut în această viață, se va simți rușinată și stânjenită.

Dacă primește semnul 666

Dacă nu poate îndura tortura și primește semnul fiarei 666 înainte de cei o mie de ani, va fi aruncată în mormântul de jos și va fi crucificată în partea dreaptă şi în urma lui Iuda Iscarioteanul. Pedepsele ei din mormântul de jos vor fi o repetiţie a celor primite în timpul Necazului cel Mare. Timp de o mie de ani, pielea de pe trupul ei va fi smulsă şi arsă cu foc în mod repetat.

Va fi torturată de mesagerii iadului şi de toţi cei care au ajuns să facă rău pentru că au urmat-o. Aceştia sunt pedepsiţi şi pentru faptele lor rele şi îşi revarsă mânia şi durerea pe ea.

Sunt pedepsiţi astfel în mormântul de jos până la sfârşitul celor o mie de ani. După judecată, aceste suflete vor merge în iad, care arde cu foc şi pucioasă, unde îi aşteaptă pedepse mai severe.

4. A doua venire a lui Cristos şi cei o mie de ani

După cum am menţionat mai sus, Isus Cristos se va întoarce în văzduh, iar cei care sunt luaţi se vor bucura cu El în timpul celor şapte ani ai ospăţului nunţii, în timp ce pe pământ oamenii vor trece prin Necazul cel Mare chinuiţi de duhurile rele izgonite din văzduh.

Apoi, Isus Cristos se va întoarce pe pământ şi va începe domnia de o mie de ani. Duhurile rele vor fi trimise în Adânc. Cei care au participat la Ospăţul nunţii de şapte ani şi cei care au murit ca martiri în timpul Necazului cel Mare vor domni peste pământ şi se vor împărtăşi dragostea lui Isus Cristos timp de o mie de ani.

Cum se primește mântuirea în timpul Necazului cel mare

> *Fericiți și sfinți sunt cei ce au parte de întâia înviere! Asupra lor a doua moarte n-are nici o putere; ci vor fi preoți ai lui Dumnezeu și ai lui Hristos, și vor împărăți cu El o mie de ani* (Apocalipsa 20:6).

Un număr mic de oameni firești care au supraviețuit Necazului cel Mare vor trăi și ei pe pământ în timpul celor o mie de ani. Însă, cei care au murit fără să fie mântuiți vor fi pedepsiți în continuare în mormântul de jos.

Împărăția de o mie de ani

Când va începe domnia de o mie de ani, oamenii se vor bucura de o viață liniștită cum a fost cea din Grădina Edenului, pentru că nu va mai fi niciun duh rău. Isus Cristos și cei mântuiți, oamenii duhovnicești, vor locui într-un oraș care seamănă cu palatele împărătești, separați de oamenii lumești care vor fi supraviețuit Necazului cel Mare și care vor trăi în afara acestui oraș.

Înainte de cei o mie de ani, Isus Cristos va curăța pământul. Va purifica aerul poluat, va reînnoi copacii, plantele, munții și pâraiele și va crea un mediu înconjurător frumos.

Oamenii firești se vor strădui să se înmulțească pentru că vor fi rămas foarte puțini, iar aerul curat și absența duhurilor rele vor face să nu existe boli și rău. În acest timp, nu vor ieși la iveală nelegiuirile și răul din inima oamenilor firești pentru că duhurile necurate care răspândesc răul vor fi închise în Adânc.

La fel ca și în zilele dinaintea lui Noe, oamenii vor trăi sute de ani. Pământul va fi umplut de nenumărați oameni timp de o mie de ani, iar ei se vor hrăni cu fructe și nu cu carne pentru că vor păstra viața, nu o vor distruge.

Cu toate acestea, va dura destul de mult timp pentru ca acești oameni să ajungă la nivelul de azi din punct de vedere al inovațiilor științifice, dat fiind faptul că, în războaiele din timpul Necazului cel Mare se va fi distrus cea mai mare parte a civilizației actuale. Odată cu trecerea timpului, nivelul civilizației la care vor ajunge îl poate atinge pe cel din zilele noastre datorită faptului că vor acumula multe cunoștințe și înțelepciune.

Oamenii lumești și cei spirituali vor locui împreună

Pentru oamenii spirituali care vor locui cu Isus Cristos nu va fi necesar să mănânce cum o fac oamenii lumești, pentru că trupurile lor vor fi fost deja transformate în trupuri spirituale. Ei se vor hrăni de obicei cu aroma florilor și cu lucruri ca acestea, dar, dacă doresc, vor putea mânca aceeași mâncare ca și oamenii lumești. Cu toate acestea, oamenii spirituali nu se bucură de mâncarea oamenilor lumești și chiar dacă se hrănesc cu ea, nu o excretă cum fac ceilalți oameni. După cum Isus a expirat după ce mâncase o bucată de pește, hrana pe care o consumă oamenii spirituali se descompune în aer prin respirație.

Oamenii spirituali Îl vor predica și Îl vor mărturisi pe Isus oamenilor lumești, pentru ca, la sfârșitul celor o mie de ani, când duhurile rele vor fi eliberate pentru scurt timp din Adânc, oamenii lumești să nu fie ispitiți de rău. Lucrurile acestea vor avea loc înainte de judecată, iar Dumnezeu nu va închide atunci

duhurile rele în Adânc permanent, ci doar pentru o mie de ani
(Apocalipsa 20:3).

La sfârşitul celor o mie de ani

După ce se vor scurge cei o mie de ani, duhurile necurate care
vor fi fost închise în Adânc în această perioadă vor fi eliberate
pentru puţin timp. Ele vor începe să înşele oamenii lumeşti care
au trăit în pace până atunci. Majoritatea oamenilor lumeşti vor fi
înşelaţi indiferent cât de mult i-au prevenit oamenii spirituali.
Chiar dacă oamenii spirituali i-au avertizat pe cei lumeşti despre
lucrurile care vor urma să se întâmple, aceştia vor fi înşelaţi şi se
vor pregăti să se războiască cu oamenii spirituali.

> *Când se vor împlini cei o mie de ani, Satana va
> fi dezlegat; şi va ieşi din temniţa lui, ca să înşele
> Neamurile, care sunt în cele patru colţuri ale
> pământului, pe Gog şi pe Magog, ca să-i adune
> pentru război. Numărul lor va fi ca nisipul mării. Şi ei
> s-au suit pe faţa pământului, şi au înconjurat tabăra
> sfinţilor şi cetatea preaiubită. Dar din cer s-a pogorât
> un foc care i-a mistuit* (Apocalipsa 20:7-9).

Dumnezeu îi va mistui însă cu foc din cer pe oamenii lumeşti
care se vor ridica să se războiască şi, după judecata dinaintea
tronului mare şi alb, va arunca înapoi în Adânc duhurile răutăţii
pe care le va fi eliberat.

În final, oamenii lumeşti care s-au înmulţit în timpul celor o mie de ani vor fi judecați după dreptatea lui Dumnezeu. Pe de-o parte toți oamenii care nu au primit mântuirea – inclusiv cei care au supraviețiuit cei șapte ani ai Necazului cel Mare – vor fi aruncați în iad. Pe de altă parte, cei care au primit mântuirea vor merge în Cer și, în funcție de credința lor, vor sta în locuri diferite din Cer cum ar fi Noul Ierusalim, Raiul, etc.

După judecata dinaintea tronului mare și alb, lumea spirituală se va împărți între Cer și iad. Despre aceasta voi vorbi mai mult în capitolul următor.

5. Pregătirea ca mireasă a Domnului

Trebuie să vă pregătiți ca mirese frumoase ale lui Isus Cristos ca să-L întâmpinați când se întoarce și să nu fi lăsați în urmă, pe pământ, în timpul Necazului cel Mare.

În Matei 25:1-13 găsim pilda celor zece fecioare, care este o învățătură bună pentru toți credincioșii. Chiar dacă vă mărturisiți credința în Dumnezeu, nu veți putea să-L întâmpinați pe mirele vostru Isus Cristos dacă nu aveți suficient untdelemn în candele. Cinci dintre fecioare și-au pregătit destul untdelemn pentru a-L întâmpina pe mire și pentru a merge la ospățul nunții, dar celelalte fecioare nu și-au pregătit untdelemn suficient și nu au putut participa la ospăț.

Cum putem să ne pregătim ca aceste cinci fecioare înțelepte, să devenim mirese ale Domnului și să nu fim lăsați în urmă în timpul Necazului cel Mare, ci să participăm la ospățul nunții?

Vegheați și rugați-vă într-una

Chiar dacă sunteți un creștin nou și aveți o credință slabă, atâta timp cât vă străduiți cât puteți să vă tăiați inima împrejur, Dumnezeu vă va păzi în timpul încercărilor. Indiferent de cât de dificile sunt circumstanțele prin care treceți, Dumnezeu vă va înfășura cu o mantie a vieții și vă va ajuta să depășiți orice încercare cu ușurință.

Cu toate acestea, Dumnezeu nu poate proteja nici chiar pe cei care au fost creștini o vreme îndelungată, chiar dacă și-au dus la îndeplinire slujba dată de Dumnezeu și cunosc foarte multe din Cuvântul lui Dumnezeu dacă nu se mai roagă, nu mai doresc sfințirea și nu-și mai taie împrejur inimile.

Când vă loviți de probleme trebuie să puteți discerne vocea Duhului Sfânt pentru a le putea depăși. Însă, dacă nu vă rugați, cum veți putea auzi vocea Duhului Sfânt și cum veți putea duce o viață de victorie? Dacă nu sunteți umpluți cu Duhul Sfânt, veți începe să vă bazați tot mai mult pe gândurile voastre și veți cădea din nou și din nou, fiind ispitiți de Satan.

În plus, acum când sfârșitul veacurilor este atât de aproape, duhurile rele dau târcoale răcnind ca niște lei și căutând pe cine să înghită, pentru că știu că și sfârșitul lor este aproape. De multe ori vedem câte un student care nu a învățat la timp cum trage din greu și stă treaz nopțile dinaintea examenelor. În mod similar, dacă sunteți credincioși care știți că trăim în zilele dinaintea sfârșitului, trebuie să rămâneți treji și să vă pregătiți ca mireasă frumoasă a Domnului.

Lepădați-vă de rău și asemănați-vă cu Domnul

Ce fel de oameni sunt cei care veghează? Sunt cei care se roagă neîncetat, sunt plini de Duhul Sfânt, cred Cuvântul lui Dumnezeu și trăiesc pe baza acestuia.

Dacă vegheați mereu înseamnă că vorbiți tot timpul cu Dumnezeu și nu sunteți ispitiți ușor de duhurile rele. Pe lângă aceasta, puteți învinge orice încercare pentru că Duhul Sfânt din voi vă conștientizează cu privire la lucrurile care vor urma, vă conduce și vă ajută să cunoașteți Cuvântul adevărului.

Însă, cei care nu veghează, nu pot auzi vocea Duhului Sfânt și astfel sunt ispitiți cu ușurință de Satan și merg pe calea morții. A veghea înseamnă a-ți tăia inima împrejur, a trăi și a te purta pe baza Cuvântului lui Dumnezeu și a te sfinți.

Apocalipsa 22:14 spune că e *„Ferice de cei ce își spală hainele, ca să aibă drept la pomul vieții, și să intre pe porți în cetate!"* În acest pasaj, „hainele" implică o îmbrăcăminte festivă. Din punct de vedere spiritual „hainele" se referă la inima și la purtarea voastră. A vă „spăla hainele" înseamnă să vă lepădați de păcate și să vă lăsați călăuziți de Cuvântul lui Dumnezeu pentru a deveni mai spirituali și pentru a vă asemăna mai bine cu Isus Cristos. Cei care sunt sfințiți în acest mod, câștigă dreptul de a intra pe porțile Cerului și de a se bucura de viața veșnică.

Oamenii care își spală hainele în credință

Cum puteți să vă spălați hainele cu adevărat? În primul rând trebuie să vă tăiați inima împrejur prin Cuvântul adevărului și prin rugăciuni pline de râvnă. Cu alte cuvinte, trebuie să vă lepădați de orice neadevăr și răutate din inimile voastre și să le umpleți cu adevăr. La fel cum vă spălați mizeria de pe haine cu apă curată, trebuie să vă spălați păcatele murdare, nelegiuirea și răutatea din inimă cu Cuvântul lui Dumnezeu și să vă îmbrăcați cu Adevărul pentru a vă asemăna cu inima lui Cristos. Dumnezeu va binecuvânta pe oricine își arată credința prin fapte și își taie împrejur inima.

Apocalipsa 3:5 ne spune: *„Cel ce va birui, va fi îmbrăcat astfel în haine albe. Nu-i voi șterge nicidecum numele din cartea vieții, și voi mărturisi numele lui înaintea Tatălui Meu și înaintea îngerilor Lui."* Oamenii care înving lumea în credință și umblă în adevăr se vor bucura de viața veșnică în Cer pentru că au adevărul în inimă și nu se găsește rău în ei.

Însă, oamenii care locuiesc în întuneric nu au prea mult din Dumnezeu oricât de mult timp au fost creștini pentru că le merge doar numele că sunt vii, dar sunt morți (Apocalipsa 3:1). Prin urmare, trebuie să vă puneți nădejdea doar în Dumnezeu care nu ne judecă după înfățișare, ci se uită la inima și la faptele noastre. De asemenea, rugați-vă neîncetat și ascultați Cuvântul lui Dumnezeu ca să ajungeți la mântuirea desăvârșită.

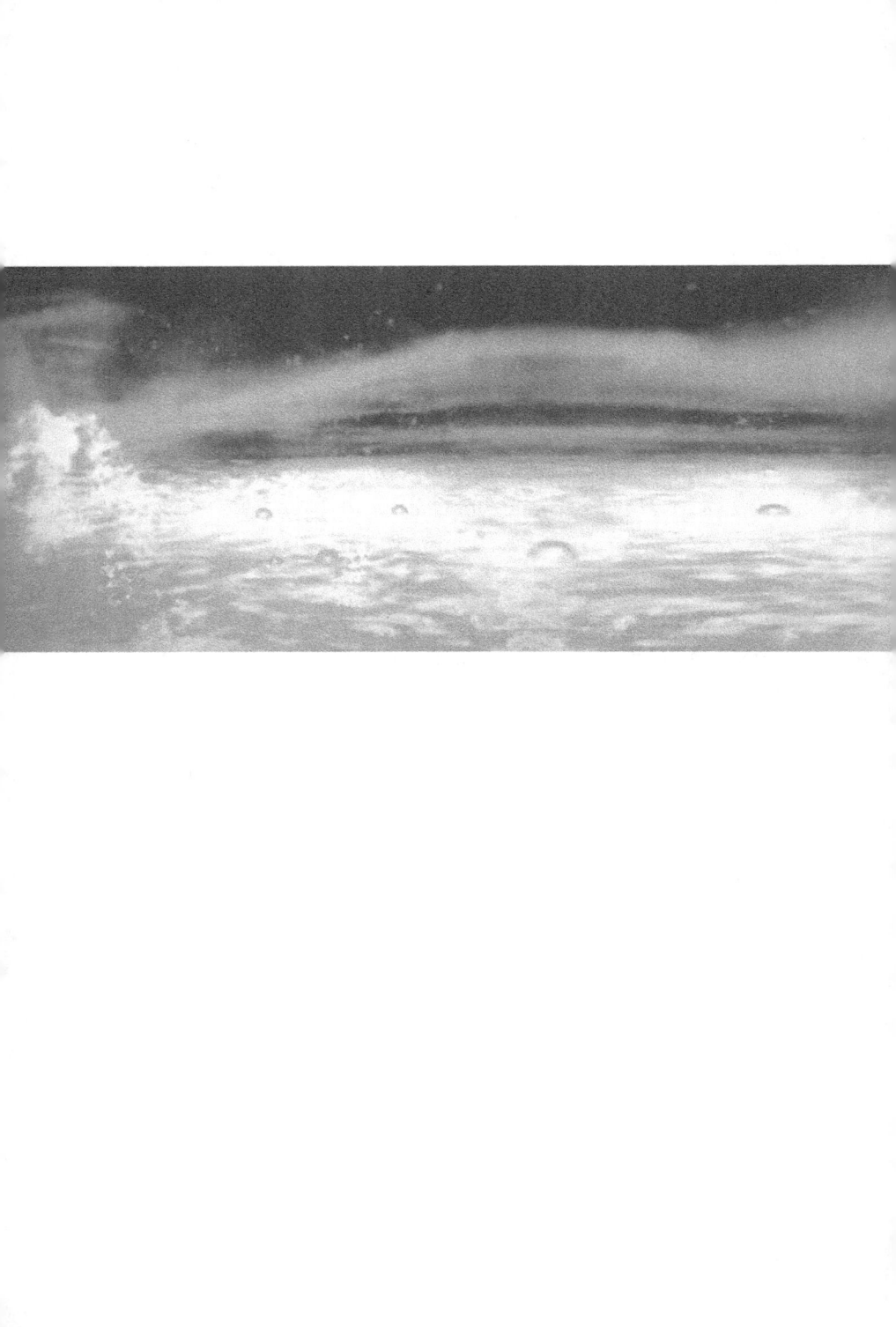

Capitolul 8

Pedepsele din iad după judecata cea mare

1. Sufletele nemântuite ajung în iad după judecată
2. Iazul de foc și iazul de pucioasă
3. Unii rămân în mormântul de jos chiar și după judecată
4. Duhurile rele vor fi închise în Adânc
5. Unde vor ajunge demonii?

*Unde viermele lor nu moare și focul nu se stinge.
Pentrucă fiecare om va fi sărat cu foc,
și orice jertfă va fi sărată cu sare.*
- Marcu 9:48-49 -

*Și diavolul, care -i înșela,
a fost aruncat în iazul de foc și de pucioasă,
unde este fiara și proorocul mincinos.
Și vor fi munciți zi și noapte în vecii vecilor.*
- Apocalipsa 20:10 -

Domnia de o mie de ani de pe pământ începe după a doua venire a lui Cristos, după care urmează judecata dinaintea tronului mare și alb. Judecata – în care se decide dacă omul respectiv merge în Cer sau în iad și dacă primește răsplăți sau pedepse – va evalua pe fiecare om după ce a făcut în viață. Prin urmare, unii se vor bucura de viață veșnică în Cer în timp ce alții vor fi pedepsiți în iad pe vecie. Haideți să ne uităm la judecata dinaintea tronului mare și alb, unde se decide apartenența la Cer sau la iad și la ce fel de loc este iadul.

1. Sufletele nemântuite ajung în iad după judecată

În iulie 1982, în timp ce mă rugam pregătindu-mă pentru lucrare, am ajuns să cunosc amănunte despre judecata dinaintea tronului mare și alb. Dumnezeu mi-a arătat o scenă în care El era așezat pe tronul Său, Domnul Isus Cristos și Moise stăteau în fața tronului și i-am văzut și pe cei care făceau parte din juriu. Chiar dacă Dumnezeu judecă cu dreptate și cu nepărtinire, spre deosebire de judecătorii din această lume, El va face judecata avându-L pe Isus Cristos ca avocat plin dragoste, pe Moise ca procuror al Legii și pe oameni ca jurați.

Pedepsele din iad sunt decise la judecată

În Apocalipsa 20:11-15 este descris modul în care Dumnezeu judecă cu dreptate și nepărtinire. Judecata se face pe baza Cărții

Iadul

Vieții unde sunt trecute numele celor mântuiți și a cărților în care sunt scrise toate faptele oamenilor.

Apoi am văzut un scaun de domnie mare și alb, și pe Cel ce ședea pe el. Pământul și cerul au fugit dinaintea Lui, și nu s-a mai găsit loc pentru ele. Și am văzut pe morți, mari și mici, stând în picioare înaintea scaunului de domnie. Niște cărți au fost deschise. Și a fost deschisă o altă carte, care este cartea vieții. Și morții au fost judecați după faptele lor, după cele ce erau scrise în cărțile acelea. Marea a dat înapoi pe morții care erau în ea; Moartea și Locuința morților au dat înapoi pe morții care erau în ele. Fiecare a fost judecat după faptele lui. Și Moartea și Locuința morților au fost aruncate în iazul de foc. Iazul de foc este moartea a doua. Oricine n a fost găsit scris în cartea vieții, a fost aruncat în iazul de foc.

În acest text „morții" se referă la cei care nu L-au primit pe Cristos ca mântuitor sau au o credință moartă. Când vine timpul ales de Dumnezeu, morții vor fi înviați și vor sta înaintea scaunului lui Dumnezeu pentru a fi judecați, iar Cartea Vieții va fi deschisă înaintea tronului lui Dumnezeu.

Pe lângă Cartea Vieții, în care sunt scrise numele tuturor celor mântuiți, sunt și alte cărți în care sunt scrise toate faptele celor morți. Îngerii consemnează tot ce facem, spunem și gândim, de exemplu când blestemăm pe alții, îi lovim, izbucnim în mânie, facem fapte bune și așa mai departe. La fel cum puteți păstra

De ce a trebuit ca Dumnezeul dragostei să pregătească iadul?

multă vreme înregistrări de la diferite evenimente sau conversații cu ajutorul unei camere video sau al diferitelor aparate care înregistrează, tot astfel Dumnezeu cel Atotputernic păstrează fiecare moment din viața oamenilor de pe pământ.

Prin urmare, în ziua judecății Dumnezeu îi va judeca pe toți cu dreptate pe baza lucrurilor consemnate în aceste cărți. Cei nemântuiți vor fi judecați după faptele lor rele și vor primi diferite pedepse în iad pentru veșnicie, după gravitatea păcatelor lor.

Iazul de foc sau cel de pucioasă

Când textul spune că „marea a dat înapoi pe morții care erau în ea" nu înseamnă că marea va da înapoi pe cei care s-au înecat. Din punct de vedere spiritual, aici „marea" se referă la lume și înseamnă că cei care au trăit în lume și s-au transformat în țărână vor învia pentru a fi judecați înaintea lui Dumnezeu.

Atunci, ce înseamnă că „moartea și Locuința morților au dat înapoi pe morții care erau în ele ?" Acest lucru se referă la faptul că cei care au suferit în mormântul de jos, adică Locuința morților, vor învia și vor sta înaintea lui Dumnezeu pentru a fi judecați. După judecată, cei mai mulți dintre cei care au suferit în mormântul de jos vor fi aruncați în iazul de foc sau în cel de pucioasă în funcție de gravitatea păcatelor pe care le-au comis, deoarece pedepsele din mormântul de jos se dau doar până la judecata dinaintea tronului mare și alb.

Dar cât despre fricoși, necredincioși, scârboși,

ucigași, curvari, vrăjitori, închinătorii la idoli, și toți mincinoșii, partea lor este în iazul, care arde cu foc și cu pucioasă, adică moartea a doua (Apocalipsa 21:8).

Pedepsele din iazul de foc nu pot fi comparate cu cele din mormântul de jos. În Marcu 9:47-49 ni se spune: „*Și dacă ochiul tău te face să cazi în păcat, scoate-l; este mai bine pentru tine să intri în Împărăția lui Dumnezeu numai cu un ochi, decât să ai doi ochi și să fii aruncat în focul gheenei, unde viermele lor nu moare și focul nu se stinge. Pentru că fiecare om va fi sărat cu foc, și orice jertfă va fi sărată cu sare.*" Iazul de pucioasă este de șapte ori mai fierbinte decât cel de foc.

Până la judecată, oamenii sunt sfâșiați de insecte și de fiare, sunt torturați de mesagerii iadului și suferă datorită pedepselor primite în mormântul de jos, care este un loc de așteptare înainte de a ajunge în iad. După judecată, rămâne doar chinul din lacul de foc și de pucioasă.

Agonia din lacul de foc sau din cel de pucioasă

Când am predicat despre priveliștea înfiorătoare din mormântul de jos, mulți dintre membrii bisericii mele nu și-au putut ține lacrimile și au plâns cu suspine pentru cei care se află în acel loc. Însă, pedepsele din iazul cu foc sau din cel cu pucioasă sunt mai severe decât cele din mormântul de jos. Vă puteți imagina măcar puțin severitatea torturilor de acolo? Chiar dacă încercăm să ne imaginăm suntem totuși limitați în încercarea noastră de a înțelege conceptele spirituale.

Tot astfel, cum am putea înțelege pe deplin slava și frumusețea Cerului? Însuși cuvântul eternitate nu este un lucru cu care suntem familiarizați ceea ce ne face să ne bazăm pe presupuneri. Chiar dacă încercăm să ne imaginăm viața din Cer bazându-ne pe lucruri cunoscute cum ar fi bucuria, fericirea, încântarea, frumusețea și altele ca acestea nu se compară totuși cu viața pe care o vom trăi acolo în Cer. Când veți merge în Cer și veți vedea totul cu proprii ochi și veți experimenta viața de acolo, veți rămâne cu gura căscată și fără cuvinte. Tot astfel, dacă nu treceți prin chinul din iad, nu puteți înțelege cu adevărat severitatea suferinței de acolo care depășește orice limită din lumea asta.

Cei care ajung în iazul de foc sau de pucioasă

Chiar dacă îmi dau toate silințele, vreau să vă atrag atenția că iadul nu e un loc care să se poată descrie ușor în cuvinte și chiar dacă încerc să explic cât se poate de bine, explicația mea nu zugrăvește nici măcar o miime din realitatea cruntă a iadului. Pe lângă aceasta, când își dau seama că tortura lor va dura o veșnicie sufletele condamnate suferă și mai mult.

După judecata dinaintea tronului mare și alb cei care au primit pedepse de primul și al doilea nivel în mormântul de jos vor fi aruncați în iazul de foc. Cei care au primit pedepse de al treilea și al patrulea nivel vor fi aruncați în iazul de pucioasă. Sufletele care se află acum în mormântul de jos știu că urmează să vină judecata și știu unde vor ajunge după judecată. În timp ce

Iadul

trupurile lor sunt devorate de insecte și maltratate de mesagerii iadului, sufletele pot vedea iazul de foc și de pucioasă din depărtare și știu că vor fi pedepsite acolo.

Prin urmare, aceste suflete suferă din cauza durerii prin care trec în prezent, dar și din cauza torturii psihice datorată fricii de ceea ce va urma după judecată.

Tânguirea unui suflet din mormântul de jos

În timp ce mă rugam pentru a primi revelații despre Cer, Dumnezeu, prin Duhul Sfânt, mi-a dat oportunitatea să aud tânguirea unui suflet din mormântul de jos. Pe măsură ce citiți încercați să simțiți puțin din frica și disperarea care pun stăpânire pe acest suflet.

Cum poate fi aceasta silueta unei ființe umane?
Nu am arătat în halul ăsta în timpul vieții mele pe pământ.
Arăt îngrozitor și respingător!

Cum aș putea fi eliberat
de durerea și deznădejdea fără margini de aici?
Ce pot să fac să scap de aici?
Pot să mor? Ce pot să fac?
Oare pot să capăt un pic de odihnă
în timp ce primesc pedeapsa eternă?
Aș putea oare să-mi scurtez viața asta blestemată
ca să scap de durerea asta de nesuportat?

De ce a trebuit ca Dumnezeul dragostei să pregătească iadul?

Mă rănesc ca să mor, dar nu pot muri.
Nu se termină niciodată...nu are sfârşit...
Chinul sufletului meu nu are sfârşit.
Viaţa mea de chin nu are sfârşit.
Cum aş putea descrie suferinţa în cuvinte?
În curând voi fi aruncat într-un iaz de foc fără fund.
Cum o să pot îndura acest chin?

Chinul de aici este deja de nesuportat!
Iazul de foc este atât de înfricoşător,
de adânc şi de fierbinte.
Cum voi putea îndura acel chin?
Cum aş putea scăpa de el?
Cum aş putea scăpa de această pedeapsă?

Dacă aş putea trăi...
Dacă ar fi o posibilitate ca să trăiesc...
Dacă aş putea fi eliberat...
Cel puţin atunci aş căuta o cale de scăpare,
dar nu văd niciuna.

Aici este doar întuneric, deznădejde şi durere
iar eu am parte doar de frustrare şi necaz.
Cum pot să îndur aceste chinuri?
Dacă El ar deschide uşa pentru viaţă...
Dacă aş vedea măcar o cale de ieşire...

Te rog salvează-mă. Te rog salvează-mă.

Este prea greu și înspăimântător pentru mine să îndur acest loc.
Te rog salvează-mă. Te rog salvează-mă.
Zilele mele de până acum au fost pline de durere și suferință.
Cum o să pot să mă duc în iazul acela de foc?
Te rog, salvează-mă!
Privește-mă, te rog!
Te rog, salvează-mă!
Ai milă de mine, te rog!
Te rog, salvează-mă!
Te rog salvează-mă!

Odată ce ajungeți în mormântul de jos

După ce viața de pe pământ se sfârșește, nimeni nu mai primește o „a doua șansă," ci urmează ca fiecare să dea socoteală pentru fiecare faptă pe care a făcut-o.

Când oamenii aud despre existența Cerului și iadului, unii spun „O să aflu după ce mor." Însă, atunci este prea târziu. Nu există cale de întoarcere după moarte, de aceea trebuie să știți aceste lucruri înainte să muriți.

Odată ce ajungeți în mormântul de jos, indiferent cât de mult veți regreta, cât de mult ați vrea să vă pocăiți și Îl rugați pe Dumnezeu, nu mai puteți scăpa de pedeapsa îngrozitoare. Nu mai există speranță pentru viitor acolo, ci doar un chin veșnic și deznădejde.

Sufletul a cărui tânguire am redat-o mai sus știe foarte bine că nu mai este nicio șansă de mântuire. Cu toate acestea, strigă către Dumnezeu dacă se mai poate face totuși ceva. Sufletul imploră milă și salvare. Tânguiala se transformă în hohote de plâns pătrunzătoare, dar acest bocet strident se propagă doar în jurul iadului și apoi dispare. Desigur, nu primește niciun răspuns.

Pocăința oamenilor din mormântul de jos nu este sinceră chiar dacă par a se căi cu adevărat. Păcatul din inimile lor rămâne și știu că țipetele lor nu ajută la nimic acum, astfel că aceste suflete scot la iveală mai mult rău din inimă și Îl blestemă pe Dumnezeu. Acest lucru nu face decât să arate de ce aceste persoane nu au putut merge în Cer.

2. Iazul de foc și iazul de pucioasă

În mormântul de jos, sufletele pot cel puțin să implore, să reproșeze și să se tânguiască întrebându-se: „De ce sunt aici?" Pot să se teamă de iazul de foc și să se gândească la modalități de a scăpa de tortură întrebându-se: „Cum aș putea să scap de acel mesager al iadului?"

Însă, odată aruncați în iazul de foc, nu se mai pot gândi la nimic altceva din cauza durerii chinuitoare care nu ia sfârșit. Pedepsele din mormântul de jos sunt relativ ușoare comparativ cu cele din iazul de foc, care sunt de neimaginat. Sunt atât de dureroase încât nici nu ni le putem închipui datorită capacității noastre limitate.

Dacă vreți să vă imaginați puțin cum sunt aceste chinuri, puneți sare într-o tigaie fierbinte. Veți vedea cum sare din tigaie în toate părțile, ceea ce se aseamănă cu o scenă din iazul de foc: sufletele sar în toate părțile precum sarea.

În plus, imaginați-vă că sunteți într-un vas cu apă fierbinte, la 100°C. Iazul de foc este mult mai fierbinte decât apa, iar lacul de pucioasă de șapte ori mai fierbinte decât cel de foc. Odată ce sunteți aruncați în acesta, nu mai este cale de scăpare și veți suferi pentru totdeauna. Pedepsele de primul, al doilea, al treilea și al patrulea nivel din mormântul de jos dinaintea judecății sunt mai ușor de îndurat.

De ce lasă Dumnezeu pe aceste suflete să sufere o mie de ani în mormântul de jos înainte de a le arunca în iazul de foc sau în cel de pucioasă? Cei nemântuiți se vor cerceta pe ei înșiși. Dumnezeu dorește ca ei să conștientizeze motivele pentru care au fost trimiși într-un astfel de loc cum e iadul și să se pocăiască pe deplin de greșelile din trecut. Cu toate acestea, este foarte greu pentru oameni să se pocăiască și, mai degrabă, dau la iveală mai mult rău decât înainte. Acum știm de ce a trebuit ca Dumnezeu să facă iadul.

Sărat cu foc în iazul de foc

În timp ce mă rugam în 1982, Dumnezeu mi-a arătat o scenă de la judecata dinaintea tronului mare și alb și o priveliște a iazul de foc și a celui de pucioasă. Aceste iazuri sunt foarte mari.

De la distanță, cele două iazuri și sufletele din ele păreau a fi niște oameni aflați la băi termale. Unii oameni erau cufundați doar până la piept, alții până la gât și li se vedea doar capul.

De ce a trebuit ca Dumnezeul dragostei să pregătească iadul?

În Marcu 9:48-49 Isus a descris iadul ca un loc „*unde viermele lor nu moare și focul nu se stinge. Pentru că fiecare om va fi sărat cu foc, și orice jertfă va fi sărată cu sare.*" Vă puteți imagina durerea dintr-un astfel de loc? Aceste suflete încearcă să scape, dar tot ce pot face este să sară ca sarea în tigaie și să scrâșnească din dinți.

Uneori oamenii sar în timp ce se joacă sau dansează la vreun club de noapte. După o vreme obosesc dar se pot odihni dacă au nevoie. Însă, în iad sufletele nu sar de plăcere ci din cauza durerii extreme și, bineînțeles, pentru ei nu este timp de odihnă chiar dacă și-o doresc. Strigă de durere atât de tare încât amețesc, iar ochii li se albăstresc și devin injectați. Mai mult, li se sparge creierul și lichidele se scurg în afară.

Indiferent cât de mult încearcă, sufletele nu pot ieși de acolo. Se apasă și se împing unele pe altele dar e în zadar. Fiecare părticică din iazul de foc, care este atât de mare încât nu i se vede capătul, are aceeași temperatură și aceasta nu se scade cu trecerea timpului. Până la judecata dinaintea tronului mare și alb, mormântul de jos va fi sub controlul și comanda lui Lucifer, astfel că toate pedepsele vor fi date prin puterea și autoritatea lui.

Însă, după judecată, pedepsele vor fi date de Dumnezeu și aplicate după voia și puterea Lui. Astfel, temperatura întregului iaz de foc poate fi menținută întotdeauna la același nivel.

Focul va produce suferință sufletelor dar nu le va omorî. După cum trupurile sufletelor din mormântul de jos se refac chiar dacă au fost tăiate sau sfârtecate în bucăți și trupurile sufletelor din iad sunt restaurate imediat după ce au fost arse.

Iadul

Întreg trupul şi organele interne sunt arse

Cum sunt pedepsite sufletele în iazul de foc? Aţi văzut vreodată o scenă din cărţi comice, sau din filme de desene animate la televizor în care un personaj este electrocutat la tensiune înaltă? În momentul în care este electrocutat, trupul personajului se transformă într-un schelet, iar conturul trupului apare într-o culoare închisă. Când este scos de sub tensiune trupul pare normal. Un alt exemplu este o radiografie care arată imaginea detaliată a trupului uman.

În mod asemănător, sufletele din iazul de foc apar în trup într-un moment, iar în celălat moment li se văd doar spiritele. Această succesiune se repetă. Trupurile sufletelor sunt arse într-o clipă şi dispar, iar apoi sunt restaurate imediat.

Pe pământ, dacă aveţi arsuri de gradul III, s-ar putea să nu puteţi îndura senzaţia de sufocare din tot corpul şi să simţiţi că înebuniţi. Nimeni nu poate înţelege severitatea durerii decât dacă o experimentează. E posibil să nu puteţi suporta durerea nici dacă doar braţele v au fost afectate.

În general, senzaţia de sufocare nu dispare imediat după arsură, ci persistă câteva zile. Căldura focului atacă trupul, distruge celulele şi uneori afectează şi inima. Cu cât mai dureros va fi când toate părţile trupului inclusiv organele interne vor fi arse, după care vor fi restaurate din nou doar pentru a fi arse din nou şi din nou?

Sufletele din iazul de foc nu pot îndura durerea, dar nu pot nici să leşine, nici să moară şi nici să se odihnească măcar un pic.

Iazul de pucioasă

Iazul de foc este un loc de pedeapsă pentru cei care au păcate relativ ușoare și au primit pedepse de primul sau de al doilea nivel în mormântul de jos. Cei care au făcut păcate mai grave au primit pedepse de al treilea și al patrulea nivel și vor merge în iazul de pucioasă, care este de șapte ori mai fierbinte decât cel de foc. După cum am spus deja, iazul de pucioasă este pentru cei care s-au împotrivit Duhului Sfânt, L-au hulit și au vorbit împotriva Lui; pentru cei care L-au răstignit din nou pe Isus Cristos; pentru cei care L-au trădat; pentru cei care au păcătuit cu voia; pentru cei care au fost idolatri până la extremă; pentru cei care au păcătuit având conștiința însemnată cu fierul roșu; pentru toți cei care s au împotrivit lui Dumnezeu prin fapte rele; pentru profeții falși și învățătorii care au învățat minciuni.

Focul din iazul de foc este roșu. Cel din iazul cu pucioasă este mai mult galben decât roșu și clocotește cu bule de mărimea unui dovleac. Sufletele din acest iaz sunt scufundate complet în pucioasa care clocotește.

Doborâți de durere

Cum se poate oare explica durerea din iazul de pucioasă care este de șapte ori mai fierbinte decât cel de foc?

Haideți să vă explic printr-o analogie cu lucruri din lumea aceasta. Dacă cineva bea fier topit dintr-un furnal, cât poate fi de dureros acest lucru? I s-ar topi organele interne datorită temperaturii lichidului care este atât de ridicată încât topește fierul.

Iadul

În iazul de foc, sufletele pot cel puțin să strige sau să sară de durere. În iazul de pucioasă, nu pot nici să se tânguiască, nici să gândească fiind copleșite de durere. Severitatea torturilor primite acolo și agonia pe care o îndură sufletele nu se pot descrie în cuvinte sau gesturi. Mai mult, sufletele de acolo suferă o veșnicie. Cum ar putea fi descris acest chin în cuvinte?

3. Unii rămân în mormântul de jos chiar și după judecată

Oamenii mântuiți din Vechiul Testament au stat în mormântul de sus până la învierea lui Isus, iar după aceasta, au mers în locul de așteptare din Rai unde vor rămâne până la a doua venire a Domnului. Oamenii mântuiți în vremurile Noi Testamentale stau în mormântul de sus trei zile timp în care se adaptează, după care merg în locul de așteptare din Rai până la a doua venire a lui Isus Cristos.

Însă, copiii nenăscuți care mor în pântecul mamei lor nu merg în Rai nici după învierea lui Isus și nici după judecată, ci rămân în mormântul de sus pentru totdeauna.

Tot astfel, și între cei care suferă în acest moment în mormântul de jos sunt excepții. Aceste suflete nu sunt aruncate nici în iazul de foc, nici în cel de pucioasă după judecată. Cine sunt aceștia?

Copiii care mor înainte de adolescență

Printre cei nemântuiți sunt fetuși avortați începând de la șase luni de sarcină şi copii înainte de adolescenţă, cam până la doisprezece ani. Aceste suflete nu sunt aruncate nici în iazul de foc, nici în cel de pucioasă deoarece, chiar dacă au ajuns în mormântul de jos datorită păcatului lor, în momentul morţii nu fuseseră suficient de mature ca să aibă o voinţă proprie. Aceasta înseamnă că nu e sigur că ar fi ales o viaţă de credinţă pentru că ar fi fost uşor de influenţat de elemente externe cum ar fi părinţii, strămoşii şi mediul.

Dumnezeul dragostei şi al dreptăţii ia în considerare toţi aceşti factori şi nu îi aruncă pe aceştia în iazul de foc sau în cel de pucioasă nici după judecată. Aceasta nu înseamnă însă că pedepsele lor se vor micşora sau vor înceta. Vor fi pedepsiţi pentru veşnicie în felul în care au fost pedepsiţi în mormântul de jos.

Plata păcatului este moartea

Cu excepţia acestui caz, toţi oamenii din mormântul de jos vor fi aruncaţi în iazul de foc sau de pucioasă în funcţie de păcatele pe care le-au făcut în timpul cultivării lor pe pământ. Romani 6:23 ne spune: *„Fiindcă plata păcatului este moartea: dar darul fără plată al lui Dumnezeu este viaţa veşnică în Isus Hristos, Domnul nostru."* Aici, „moarte" nu se referă la sfârşitul vieţii de pe pământ, ci se referă la pedeapsa veşnică din iazul de foc sau de pucioasă. Plata păcatului este chinul îngrozitor, astfel puteţi vedea ce groaznic, detestabil şi murdar este păcatul.

Dacă oamenii ar cunoaşte măcar puţin despre suferinţa eternă din iad, cum ar putea să nu le fie teamă să ajungă în iad? Cum ar putea să nu-L primească pe Isus, să-L asculte și să trăiască pe baza Cuvântului lui Dumnezeu?

În Marcu 9:45-47, Isus ne-a spus următoarele:

> *Dacă piciorul tău te face să cazi în păcat, taie-l; este mai bine pentru tine să intri în viață șchiop, decât să ai două picioare, și să fii aruncat în gheenă, în focul care nu se stinge, unde viermele lor nu moare, și focul nu se stinge. Și dacă ochiul tău te face să cazi în păcat, scoate-l; este mai bine pentru tine să intri în Împărăția lui Dumnezeu numai cu un ochi, decât să ai doi ochi și să fii aruncat în focul gheenei.*

Este mai bine să-ți tai picioarele dacă păcătuiești prin faptul că te duci în locuri în care nu ar trebui să te duci decât să ajungi în iad. Este mai bine să-ți tai mâinile dacă faci lucruri pe care nu ar trebui să le faci decât să ajungi în iad. Tot astfel, este mai bine să-ți scoți un ochi decât să păcătuiești uitându-te la lucruri la care nu ar trebui să te uiți.

Cu toate acestea, prin harul lui Dumnezeu pe care L-a revărsat peste noi nu trebuie să ne tăiem mâinile sau picioarele, ori să ne scoatem ochii pentru a intra în Cer. Acest lucru este posibil prin faptul că mielul fără pată și fără păcat, Isus Cristos, a fost răstignit pentru noi, cu mâinile și picioare pironite pe cruce și purtând o cunună de spini.

Fiul lui Dumnezeu a venit să distrugă lucrările diavolului

Prin urmare, oricine crede în sângele lui Isus Cristos primește iertare, este scutit de pedeapsa din iazul de foc sau de pucioasă și se bucură de viață veșnică.

1 Ioan 3:7-9 ne spune: *"Copilașilor, nimeni să nu vă înșele! Cine trăiește în neprihănire, este neprihănit, cum El însuși este neprihănit. Cine păcătuiește, este de la diavolul, căci diavolul păcătuiește de la început. Fiul lui Dumnezeu S-a arătat ca să nimicească lucrările diavolului. Oricine este născut din Dumnezeu, nu păcătuiește, pentru că sămânța Lui rămâne în el; și nu poate păcătui, fiindcă este născut din Dumnezeu."*

Păcatul implică mai mult decât fapte cum ar fi furtul, omorul sau înșelăciunea. Răul din inima cuiva este un păcat mai grav. Dumnezeu detestă răul din inimile noastre. El urăște inima păcătoasă care îi judecă și îi condamnă pe alții, inima rea care urăște și se poticnește și inima vicleană și înșelătoare. Cum ar arăta Cerul dacă oameni cu o astfel de inimă ar fi lăsați să intre acolo? Oameni de acest fel ar intra în polemici despre bine și rău chiar și în Cer, prin urmare Dumnezeu nu îi lasă să intre acolo.

De aceea, dacă ați devenit copii adevărați ai lui Dumnezeu, prin sângele lui Isus Cristos, să nu mai urmați neadevărul și să nu mai slujiți diavolului, ci să trăiți în adevăr ca și copii ai lui Dumnezeu, care este lumina însăși. Doar atunci puteți primi toată slava cerească, puteți avea parte de binecuvântări, vă puteți bucura de autoritatea unui copil de Dumnezeu și puteți propăși chiar și în lumea aceasta.

Dacă vă mărturisiți credința trebuie să nu trăiți în păcat

Dumnezeu ne iubește atât de mult încât L-a trimis pe singurul, preaiubitul și nevinovatul Său Fiu să moară pentru noi pe cruce. Puteți să vă imaginați cât de mult se supără și se întristează când îi vede pe cei ce spun că sunt „copii ai lui Dumnezeu" cum păcătuiesc, fiind influențați de diavol, și cum se îndreaptă atât de repede spre iad?

Vă îndemn dar să nu păcătuiți, ci să ascultați de poruncile lui Dumnezeu, dovedind că sunteți copii preaiubiți ai Lui. Când faceți aceasta, toate rugăciunile vă vor fi ascultate mai repede și veți deveni copii adevărați ai lui Dumnezeu, iar în final veți intra și veți trăi în Noul Ierusalim. În același timp, veți primi putere și autoritate să scoateți întunericul din cei care nu cunosc încă adevărul, care încă păcătuiesc și îl slujesc pe diavol, și veți putea să îi călăuziți spre Dumnezeu.

Fie ca să deveniți copii adevărați ai lui Dumnezeu, să primiți răspunsuri la toate rugăciunile și cererile voastre, să Îl glorificați pe El și să întoarceți nenumărați oameni de pe calea spre iad, pentru a ajunge la slava lui Dumnezeu, strălucind ca soarele în Cer.

4. Duhurile rele vor fi închise în Adânc

Conform dicționarului The Webster's New World College Dictionary, termenul „Abis" [termenul folosit în traducerea din limba engleză pentru Adânc– n.tr.] este definit ca „prăpastie fără

De ce a trebuit ca Dumnezeul dragostei să pregătească iadul?

fund", „genune" sau „orice e prea adânc pentru a fi măsurat." În sens biblic, Adâncul este cea mai adâncă și mai de îndepărtată parte din iad. Este rezervat pentru duhurile rele care nu au rol important în cultivarea umană.

> *Apoi am văzut pogorându-se din cer un înger, care ținea în mână cheia Adâncului și un lanț mare. El a pus mâna pe balaur, pe șarpele cel vechi, care este Diavolul și Satana, și l-a legat pentru o mie de ani. L-a aruncat în Adânc, l-a închis acolo, și a pecetluit intrarea deasupra lui, ca să nu mai înșele Neamurile, până se vor împlini cei o mie de ani. După aceea, trebuie să fie dezlegat pentru puțină vreme* (Apocalipsa 20:1-23).

Aceasta este o descriere a lucrurilor care vor avea loc spre sfârșitul celor șapte ani ai Necazului cel Mare. După a doua venire a lui Isus Cristos duhurile rele vor deține controlul asupra lumii timp de șapte ani, vreme în care va avea loc cel de-al Treilea Război Mondial și alte dezastre. După Necazul cel Mare va urma Împărăția de o mie de ani, perioadă în care duhurile rele vor fi închise în Adânc. Spre sfârșitul celor o mie de ani, duhurile rele vor fi eliberate pentru puțină vreme, iar după ce va avea loc judecata dinaintea tronului mare și alb vor fi închise din nou în Adânc, dar de data aceasta pentru totdeauna. Lucifer și slujitorii lui dețin controlul asupra lumii întunericului, dar după judecată Cerul și iadul vor fi conduse doar prin puterea lui Dumnezeu.

Duhurile rele sunt doar instrumente în cultivarea umană

Ce fel de pedepse vor primi în Adânc duhurile rele, care îşi vor fi pierdut toată puterea şi autoritatea?

Înainte să mergem mai departe, aş vrea să clarific că duhurile rele există şi slujesc doar ca instrumente pentru cultivarea umană. De ce cultivă Dumnezeu oamenii pe pământ deşi în Cer există o mare oaste cerească şi nenumăraţi îngeri? Pentru că Dumnezeu doreşte copii adevăraţi cu care să-şi împărtăşească dragostea.

Haideţi să vă dau un exemplu. De-a lungul istoriei Coreei, nobilimea avea de obicei mulţi servitori. Aceştia ascultau orice poruncă primită de la stăpân. Un stăpân avea însă fiice şi fii risipitori care nu-l ascultau şi făceau doar ceea ce voiau. Va iubi stăpânul pe slujitorii săi ascultători mai mult decât pe proprii-i copii risipitori? Nu poate să nu-şi iubească copiii, chiar dacă aceştia nu sunt întotdeauna ascultători.

La fel este şi cu Dumnezeu. El iubeşte fiinţele umane, care sunt create după chipul Său, indiferent câtă oaste cerească şi îngeri ascultători are. Oastea cerească şi îngerii sunt mai mult ca nişte roboţi care fac ceea ce li se spune. Prin urmare, nu pot împărtăşi o dragoste adevărată cu Dumnezeu.

Desigur, nu vreau să spun că îngerii şi roboţii se aseamănă în toate privinţele. Pe de-o parte roboţii fac doar ceea ce li se comandă, nu au voinţă liberă şi nu simt nimic. Pe de altă parte, îngerii, la fel ca şi oamenii, cunosc sentimentele de bucurie şi întristare.

Când simţiţi bucurie sau tristeţe îngerii nu au aceleaşi

sentimente ca și voi, ci doar au idee ce simțiți. Prin urmare, când Îl lăudați pe Dumnezeu, îngerii Îl vor lăuda împreună cu voi, când dansați spre slava lui Dumnezeu, vor dansa și ei și vor cânta la instrumente. Aceste trăsături îi deosebesc de roboți. Cu toate acestea, îngerii și roboții se aseamănă prin faptul că nici unii, nici alții nu au voință liberă și fac doar ce li se spune, sunt făcuți și folosiți ca instrumente.

La fel ca și îngerii, duhurile rele nu sunt decât niște instrumente în cultivarea umană. Sunt la fel ca niște mașini care nu deosebesc binele de rău, sunt făcuți cu un scop anume și sunt folosiți să facă rău.

Duhurile rele sunt închise în Adânc

Legea lumii spirituale spune că plata păcatului este moartea și că omul seceră ce a semănat. După judecată, sufletele din mormântul de jos vor suferi în iazul de foc sau în cel de pucioasă conform acestei legi. Aceasta pentru că au ales răul prin voința lor liberă și prin dorințele lor în timpul în care au fost cultivați pe pământ.

Duhurile rele, cu excepția demonilor, nu au un rol important în cultivarea umană. Prin urmare, după judecată ele sunt închise în Adâncul întunecos și rece, abandonate ca niște gunoaie. Aceasta este cea mai potrivită pedeapsă pentru ele.

Tronul lui Dumnezeu se află în centru și în locul cel mai înalt din Cer. Spre deosebire, duhurile rele sunt închise în Adânc, locul cel mai îndepărtat și mai rece din iad. Acolo, nu se pot mișca în voie, ci sunt forțate să stea într-o poziție fixă pentru totdeauna, ca și cum ar fi țintuite pe loc de niște stânci enorme.

Aceste duhuri rele au aparținut cândva Cerului și au avut de îndeplinit niște sarcini mărețe. După cădere, însă, îngerii căzuți și-au folosit autoritatea cum au dorit în lumea întunericului. Însă, au fost învinși în lupta lor împotriva lui Dumnezeu și atunci totul s-a terminat pentru ei. Și-au pierdut slava și valoarea de ființe cerești. În Adânc, aripile acestor ființe vor fi smulse ca simbol al blestemului și al dizgrației în care au căzut.

Un duh este o ființă nemuritoare și veșnică. Cu toate acestea, în Adânc, duhurile rele nu își pot mișca nici măcar un deget, nu mai au simțăminte, voință sau putere. Sunt ca niște mașini care au fost oprite, sau ca niște păpuși care au fost aruncate afară și chiar arată ca și cum ar fi înghețate.

Unii mesageri ai iadului rămân în mormântul de jos

Este însă o excepție de la această regulă. După cum am spus mai sus, copiii până la aproximativ doisprezece ani rămân în mormântul de jos chiar și după judecată. Pentru ca pedepsele acestor copii să continue este nevoie de niște mesageri ai iadului să le aplice.

Acești mesageri nu sunt închiși în Adânc, ci rămân în mormântul de jos. Ei sunt ca niște roboți. Înainte de judecată râdeau uneori sau se bucurau când vedeau suflete torturate, dar aceasta nu era din cauză că aveau sentimente. Erau sub controlul lui Lucifer care avea caracteristici umane și îi făcea să afișeze emoții. Însă, după judecată, nu mai sunt sub controlul lui Lucifer, prin urmare își vor face munca fără sentimente, ca niște roboți.

5. Unde vor ajunge demonii?

Demonii nu sunt ființe spirituale, spre deosebire de îngerii căzuți, dragonii și cei care îi urmează care au fost creați înainte de facerea universului. Ei au fost cândva ființe umane, făcute din țărână și au avut duh, suflet și trup ca și noi. Demonii sunt printre cei care au fost cultivați pe pământ și au murit fără să primească mântuirea și sunt trimiși în lume în circumstanțe speciale.

Cum devine cineva un demon? Sunt patru cazuri în care acest lucru se poate întâmpla.

Primul caz este cel al oamenilor care își vând duhul și sufletul lui Satan.

Oamenii care practică vrăjitoria și caută putere și ajutor de la duhurile necurate pentru a-și satisface dorințele și lăcomia – adică vrăjitorii – pot deveni demoni când mor.

Al doilea este cazul oamenilor care s-au sinucis în păcatul lor.

Dacă oamenii își iau viața pentru că au dat faliment în afaceri sau din alte motive, înseamnă că au ignorant suveranitatea lui Dumnezeu asupra vieții și pot deveni demoni. Însă, nu este același lucru când cineva își sacrifică viața pentru țară sau pentru a ajuta pe cineva care se află într-o situație fără ieșire. Dacă un om care nu știe să înoate sare în apă să salveze pe cineva și își pierde astfel viața, o face cu un scop bun și nobil.

Al treilea este cazul oamenilor care au crezut odată în Dumnezeu dar au ajuns să se lepede de El și să-și vândă credința.

Unii credincioşi dau vina pe Dumnezeu şi I se împotrivesc când dau de greutăți mari sau când pierd ceva sau pe cineva foarte drag lor. Charles Darwin, pionierul teoriei evoluției, este un bun exemplu. Darwin a crezut odată în Dumnezeu Creatorul. Însă, când fiica sa preaiubită a murit prematur, el a ajuns să se lepede de Dumnezeu şi să I se împotrivească şi a promovat teoria evoluției. Astfel de oameni îl răstignesc din nou pe Isus Cristos, răscumpărătorul nostru (Evei 6:6).

Al patrulea este cazul oamenilor care împiedică, se împotrivesc şi Îl hulesc pe Duhul Sfânt chiar dacă cred în Dumnezeu şi cunosc adevărul (Matei 12:31-32; Luca 12:10).

Azi, mulți oameni, care în aparență îşi mărturisesc credința în Dumnezeu, împiedică, se împotrivesc şi Îl hulesc pe Duhul Sfânt. Chiar dacă aceşti oameni au fost martori la nenumărate lucrări ale lui Dumnezeu, îi judecă şi îi condamnă pe alții, se împotrivesc lucrării Duhului Sfânt şi încearcă să distrugă bisericile în care au loc lucrările Lui. În plus, dacă acționează astfel de pe o poziție de conducere, păcatul lor este mai grav.

Când aceşti păcătoşi mor sunt aruncați în mormântul de jos şi primesc pedepse de al treilea şi al patrulea nivel. Unii dintre ei devin demoni şi sunt trimişi în lume.

Demonii sunt controlați de diavol

Până la judecată Lucifer are autoritate deplină să controleze lumea întunericului şi mormântul de jos. Prin urmare, el are putere să aleagă anumite suflete din mormântul de jos, care ar fi cele mai potrivite pentru lucrările lui, și să le folosească în lume ca demoni.

Odată selectate și trimise în lume aceste suflete nu mai au sentiment și voință liberă cum aveau în timpul vieții lor pe pământ. Sunt controlate de voința lui Lucifer și slujesc doar ca instrumente pentru a atinge scopurile lumii duhurilor rele.

Demonii ispitesc oamenii de pe pământ ca să-i facă iubească lumea. Unele din cele mai atroce crime și păcate nu sunt o coincidență, ci sunt făcute prin lucrările demonilor, după voința lui Lucifer. Demonii intră în acești oameni după legile lumii spirituale și îi conduc spre iad. Uneori demonii aduc boli sau infirmități asupra oamenilor. Desigur, asta nu înseamnă că orice caz de boală sau infirmitate se poate atribui demonilor, dar în unele cazuri acestea se datorează demonilor. În Biblie găsim un băiat posedat de demoni care era mut din copilărie (Marcu 9:17-24) și o femeie gârbovită de un duh timp de optsprezece ani și care nu putea să-și îndrepte deloc spatele (Luca 13:10-13).

Demonii primesc cele mai ușoare sarcini în lumea întunericului, după voia lui Lucifer, dar ei nu vor fi închiși în Adânc după judecată. Din moment ce demonii au fost cândva ființe umane și au fost cultivați pe pământ, vor fi aruncați în iazul de pucioasă după judecata dinaintea tronului mare și alb împreună cu cei care primesc pedepse de al treilea și al patrulea nivel în mormântul de jos.

Duhurile rele se tem de Adânc

Unii dintre voi care vă amintiți cuvintele Bibliei vi se pare poate că este ceva greșit aici. În Luca 8, găsim o scenă în care Isus

Iadul

se întâlnește cu un om posedat de demoni. Când Isus poruncește demonului să iasă afară, acesta îi răspunde: *"Ce am eu a face cu Tine, Isuse, Fiul Dumnezeului Celui Prea Înalt? Te rog nu mă chinui"* (Luca 8:28) și îl roagă pe Isus să nu îl trimită în Adânc. Demonii ar trebui să fie aruncați în iazul de pucioasă, nu în Adânc. Atunci de ce demonul l a rugat pe Isus să nu îl arunce în Adânc? După cum am spus mai sus, demonii au fost odată ființe umane și sunt folosiți doar ca instrumente în cultivarea umană, după voia lui Lucifer. Prin urmare, când demonul a vorbit prin buzele acelui om a exprimat dorința duhurilor necurate care îl controlau, nu pe a lui. Duhurile rele aflate sub conducerea lui Lucifer știu că, odată ce voia lui Dumnezeu cu privire la cultivarea umană se împlinește, își vor pierde autoritatea și puterea și vor fi închise pentru totdeauna în Adânc. Frica lor de ceea ce se va întâmpla în viitor a ieșit la iveală foarte clar în rugămintea lor către Isus.

Mai mult, demonul acesta a fost folosit ca instrument pentru ca frica acestor duhuri, precum și sfârșitul lor, să fie menționate în Biblie.

De ce detestă demonii apa și focul?

La începutul lucrării mele, Duhul Sfânt a lucrat așa putere în biserica mea încât orbii au început să vadă, muții au început să vorbească, oamenii invalizi datorită poliomielitei au început să umble, iar alții au fost eliberați de duhuri rele. Vestea aceasta s-a răspândit în țară și au venit mulți oameni bolnavi. În acea vreme, eu personal m-am rugat pentru cei stăpâniți de demoni. Aceștia, fiind ființe spirituale, știau că vor fi scoși afară. Uneori, mă rugau astfel: „Nu ne trimite, te rog, în apă, sau în foc!" Desigur, nu am dat curs cererilor lor.

Dar de ce urăsc demonii apa și focul? Biblia menționează faptul că acestora nu le plac apa și focul. Când m-am rugat pentru o revelație cu privire la acest lucru, Dumnezeu mi-a spus că, din punct de vedere spiritual, apa simbolizează viața, mai precis Cuvântul lui Dumnezeu care este lumina însăși, iar focul simbolizează focul Duhului Sfânt. Prin urmare, demonii, care reprezintă întunericul însuși, își vor pierde puterea și autoritatea când sunt izgoniți în apă sau în foc.

În Marcu 5, vedem cum Isus poruncește demonului „Legiune" să iasă dintr-un om, dar dracii aceștia L-au rugat pe Isus să-i trimită în porci (Marcu 5:12). Isus le-a dat permisiunea, iar duhurile necurate au ieșit din om și au intrat în porci. Cei aproate două mii de porci din turmă s-au repezit de pe râpă în mare și s-au înecat. Isus i-a lăsat să se înece pentru a nu le mai permite acestor demoni să lucreze pentru Lucifer. Aceasta nu înseamnă că demonii s-au înecat; și-au pierdut doar puterea. De aceea, Isus ne spune că: *„Duhul necurat, când a ieșit dintr-un om, umblă prin locuri fără apă, căutând odihnă, și n-o găsește"* (Matei 12:43).

Copiii lui Dumnezeu ar trebui să cunoască foarte bine lumea spirituală pentru a arăta puterea lui Dumnezeu. Demonii tremură de frică dacă îi scoateți afară când cunoașteți foarte bine lumea spirituală. Însă, ei nu tremură și nici nu pleacă dacă le porunciți: „Demon, ieși afară și du-te în apă!" sau „Du-te în foc!" fără să aveți o înțelegere asupra lumii spirituale.

Lucifer se luptă ca împărăția lui să dăinuie

Dumnezeu este un Dumnezeu al dragostei, dar și al dreptății. Oricât de iertători și plini de milă sunt împărații de pe pământ ei nu pot fi așa tot timpul. Când în țară sunt hoți și criminali, împăratul trebuie să-i prindă și să-i pedepsească în conformitate cu legea țării respective, pentru a menține pacea și siguranța locuitorilor. Chiar dacă fiul său preaiubit sau alți oameni se fac vinovați de infracțiuni cum ar fi trădarea, împăratul nu are altă opțiune decât să-i pedeapscă conform legii.

Tot astfel, dragostea lui Dumnezeu este în concordanță cu ordinea strictă din lumea spirituală. Dumnezeu l-a iubit foarte mult pe Lucifer înainte de trădarea lui și, chiar după ce L a trădat, Dumnezeu i-a dat lui Lucifer autoritate completă peste întuneric, însă singura răsplată pe care o va primi Lucifer va fi faptul că va fi închis în Adânc. Fiindcă știe acest lucru, Lucifer se luptă să-și întemeieze împărăția și să o facă să rămână în picioare. De aceea, Lucifer a omorât mulți profeți ai lui Dumnezeu cu două mii de ani în urmă dar și înainte. Acum două mii de ani, când Lucifer a aflat despre nașterea lui Isus, a încercat să Îl omoare prin împăratul Irod pentru a împiedica întemeierea Împărăției lui Dumnezeu și pentru a-și menține împărăția întunericului. După ce a fost instigat de Satan, Irod a dat poruncă să fie omorâți toți băieții de la doi ani în jos din zona Betleemului (Matei 2:13-18).

Pe lângă aceasta, în ultimii două mii de ani, Lucifer a încercat mereu să omoare și să distrugă pe oricine face lucrările minunate ale lui Dumnezeu. Însă, Lucifer nu-L poate învinge pe

De ce a trebuit ca Dumnezeul dragostei să pregătească iadul?

Dumnezeu și nici nu-I poate întrece înțelepciunea, iar sfârșitul lui este doar în Adânc.

Dumnezeul dragostei așteaptă cu răbdare și oferă oportunități pentru pocăință

Toți oamenii de pe pământ vor fi judecați după faptele lor. Pe cei nedrepți îi așteaptă pedepse și blesteme, iar pe cei buni îi așteaptă slavă și binecuvântări. Însă, Dumnezeu, care este dragoste, nu îi trimite imediat în iad pe oamenii care au păcătuit, ci așteaptă cu răbdare ca ei să se pocăiască după cum scrie și în 2 Petru 3:8-9 *„Dar, preaiubiților, să nu uitați un lucru: că, pentru Domnul, o zi este ca o mie de ani, și o mie de ani sunt ca o zi. Domnul nu întârzie în împlinirea făgăduinței Lui, cum cred unii; ci are o îndelungă răbdare pentru voi, și dorește ca nici unul să nu piară, ci toți să vină la pocăință."* Așa se manifestă dragostea lui Dumnezeu care dorește ca toți oamenii să primească mântuirea.

Prin aceste mesaj despre iad, vreau să țineți minte că Dumnezeu a fost plin de răbdare și i-a așteptat pe toți cei care sunt pedepsiți în mormântul de jos. Dumnezeul dragostei plânge pentru sufletele, create după chipul și asemănarea Sa, care suferă acum și vor suferi în veacurile viitoare.

În pofida răbdării și dragostei lui Dumnezeu, dacă oamenii nu primesc Evanghelia până la sfârșit, sau dacă se declară credincioși dar continuă să păcătuiască își vor pierde toate oportunitățile pentru mântuire și vor ajunge în iad.

De aceea, noi ca și credincioși trebuie să ducem mai departe

Evanghelia ori decâte ori avem oportunitatea. Haideți să ne imaginăm că are loc un incediu în casa voastră în timp ce sunteți plecați. Când vă întoarceți, vedeți casa cuprinsă de flăcări în timp ce copiii dorm înăuntru. Nu ați face tot ce vă stă în putință pentru a vă salva copiii? Inima lui Dumnezeu este frântă când vede cum oamenii, creați după chipul și asemănarea Lui, păcătuiesc și cad în focul veșnic din iad. Tot astfel, vă puteți imagina cât de bucuros este Dumnezeu când vede oameni care îi conduc pe alții spre mântuire?

Trebuie să înțelegeți inima lui Dumnezeu care îi iubește pe toți oamenii și plânge pentru cei care sunt pe calea spre iad și inima lui Isus Cristos care nu dorește să piară nici măcar un om. Acum, după ce ați citit despre cruzimea și chinul din iad veți putea înțelege de ce Dumnezeu este atât de fericit când oamenii primesc mântuirea. Sper să puteți cunoaște și împărtăși inima lui Dumnezeu ca să puteți duce Vestea Bună și la alții și să-i conduceți spre Cer.

Capitolul 9

De ce a trebuit ca Dumnezeul dragostei să pregătească iadul?

1. Răbdarea și dragostea lui Dumnezeu
2. De ce a trebuit ca Dumnezeul dragostei să pregătească iadul?
3. Dumnezeu dorește ca toți oamenii să fie mântuiți
4. Vestiți Evanghelia cu îndrăzneală

*Care voieşte ca toţi oamenii să fie mîntuiţi
şi să vină la cunoştinţa adevărului.*
- 1 Timotei 2:4 -

*Acela Îşi are lopata în mînă,
Îşi va curăţi cu desăvîrşire aria,
şi Îşi va strînge grîul în grînar;
dar pleava o va arde într'un foc care nu se stinge.*
- Matei 3:12 -

Cu două mii de ani în urmă, Isus a trecut prin satele și cetățile din Israel, a predicat Vestea Bună și a vindecat orice boală. Când s-a întâlnit cu oamenii, Isus a fost plin de milă față de ei pentru că erau necăjiți și risipiți ca o turmă fără păstor (Matei 9:36). Erau mulți care așteptau să fie mântuiți dar nu era cine să se îngrijească de ei. Chiar dacă Isus ar fi luat satele la rând și ar fi vizitat oamenii, nu ar fi putut avea grijă de fiecare din ei.

În Matei 9:37-38 Isus le-a spus ucenicilor: *„Mare este secerișul, dar puțini sunt lucrătorii! Rugați dar pe Domnul secerișului să scoată lucrători la secerișul Lui."* Era mare nevoie de lucrători care să învețe pe nenumărați oameni adevărul cu o dragoste fierbinte și să scoată întunericul din ei, în locul lui Isus.

În zilele noastre, mulți oameni sunt sclavi ai păcatului, suferă din cauza bolilor, a sărăciei și a durerii și se îndreaptă spre iad – doar pentru că nu cunosc adevărul. Trebuie să cunoașteți inima lui Isus care caută lucrători gata să meargă la seceriș și astfel să nu vă bucurați doar de mântuire, ci să fiți dispuși să-I spuneți Domnului: „Iată-mă! Trimite-mă!"

1. Răbdarea și dragostea lui Dumnezeu

A fost odată un fiu iubit mult de părinții lui. Într-o zi, fiul a cerut părinților să-i dea partea lui de avere. Aceștia au dat curs cererii lui, cu toate că nu-și înțelegeau fiul, mai ales că urmau să-i lase totul ca moștenire. Fiul a plecat în altă țară cu partea lui de moștenire. Deși a avut speranțe și ambiții la început, încetul cu încetul a căzut în plăcerile și dorințele lumești, iar în final și-a cheltuit toată averea. Mai mult, țara a trecut printr-o criză și astfel a devenit și mai sărac. Într-o zi cineva a dat vestea părinților despre fiul lor, spunându-le că acesta a ajuns ca un cerșetor datorită vieții de risipă pe care o dusese și că este disprețuit de alții.

Ce au simțit oare părinții lui? Poate la început s-au mâniat, dar în curând au început să fie îngrijorați de soarta lui, gândindu-se: „Te iertăm fiule. Vino doar acasă cît de repede!"

Dumnezeu îi primește pe cei care se întorc cu pocăință

Luca 15 descrie inima acestor părinți. Tatăl, al cărui fiu a plecat într-o țară îndepărtată, și-a așteptat fiul la poartă în fiecare zi. L-a așteptat să se întoarcă cu atâta dor încât, când acesta s a întors, l-a putut recunoaște de la distanță, a alergat și l-a îmbrățișat cu bucurie. Apoi, i-a dat fiului său întors acasă cu pocăință cea mai bună haină și încălțăminte, a tăiat vițelul cel îngrășat și a făcut o petrecere în cinstea lui.

Aceasta este inima lui Dumnezeu. Nu doar îi iartă pe cei care se pocăiesc cu adevărat, indiferent de gravitatea păcatelor lor, dar îi ridică și îi umple de putere ca să poată duce o viață de victorie. Când un om este mântuit prin credință, Dumnezeu se bucură și sărbătorește împreună cu oastea cerească și îngerii. Cu o dragoste în inimă ca cea a tatălui care își aștepta fiul, Dumnezeu dorește cu nerăbdare ca toți oamenii să se întoarcă de la păcat și să primească mântuirea.

Dumnezeul dragostei și al iertării

În Osea capitolul 3, puteți vedea mila și îndurarea Dumnezeului nostru, care este întotdeauna gata să-i ierte și să iubească chiar și pe păcătoși.

Într-o zi, Dumnezeu i-a poruncit lui Osea să-și ia de nevastă o femeie desfrânată. Osea a ascultat și s-a căsătorit cu Gomera. Cu toate acestea, după câțiva ani Gomera nu i-a putut rămâne credincioasă și a iubit un alt bărbat. Mai mult, a fost plătită ca prostituată și a plecat să iubească un alt bărbat. Dumnezeu i-a spus atunci lui Osea: *„Du-te iarăși, și iubește o femeie iubită de un ibovnic, și preacurvă; iubește-o cum iubește Domnul pe copiii lui Israel, care se îndreaptă spre alți dumnezei și care iubesc turtele de stafide"* (versetul 1). Dumnezeu i-a poruncit lui Osea să-și iubească soția, care l-a înșelat și a plecat la altul. Osea a adus-o înapoi după ce a plătit cincisprezece sicli de argint, un omer de orz și un letec de orz (versetul 2). Câți oameni pot face așa ceva? După ce a adus-o înapoi, Osea i-a spus *„Rămâi multă vreme numai a mea, nu te deda la curvie, nu mai fi a nici unui alt bărbat, și voi fi și eu la fel cu tine"* (versetul 3). El nu a condamnat-o, nici nu a urât-o, ci a iertat-o cu dragoste rugând-o să nu-l mai părăsească.

Ce a făcut Osea pare a fi o prostie în ochii oamenilor din această lume. Cu toate acestea, inima lui reflectă inima lui Dumnezeu. La fel cum Osea s-a căsătorit cu o femeie dedată la curvie, Dumnezeu ne-a iubit întâi și ne-a eliberat, deși noi L-am părăsit.

După neascultarea lui Adam, toți oamenii au fost plini de păcat. Precum Gomera, nu am fost demni de dragostea lui

Dumnezeu. Cu toate acestea, Dumnezeu ne-a iubit și și-a dat singurul Fiu pentru a fi răstignit pentru noi. Isus a fost biciuit, a purtat o cunună de spini și i au fost bătute cuie în mâini și picioare pentru a ne mântui. Chiar și în momentul morții pe cruce, S-a rugat: „Doamne, iartă-i." Isus mijlocește pentru toți păcătoșii înaintea tronului lui Dumnezeu, Tatăl Ceresc chiar în acest moment.

Cu toate acestea, oamenii nu cunosc dragostea și harul lui Dumnezeu. În schimb, iubesc lumea și aleargă să-și satisfacă dorințele firești. Unii trăiesc în întuneric pentru că nu cunosc adevărul. Alții cunosc adevărul dar, pe măsură ce trece timpul, inima lor se schimbă și păcătuiesc din nou. Odată ce sunt mântuiți, oamenii trebuie să se sfințească în fiecare zi. Cu toate acestea, inima lor se strică față de cum a fost când au primit Duhul Sfânt pentru prima dată. Din acest motiv, acești oameni fac păcate de care s-au lepădat odată.

Dumnezeu vrea să ierte și să iubească oamenii care au păcătuit și au iubit lumea. După cum Osea a luat-o înapoi pe soția sa preacurvă care iubea alt bărbat, Dumnezeu își așteaptă copiii care au păcătuit să se întoarcă și să se pocăiască.

Prin urmare, trebuie să înțelegem inima lui Dumnezeu care ne-a descoperit acest mesaj despre iad. Dumnezeu nu vrea să ne sperie; El dorește doar să auzim despre cât de groaznic este iadul, să ne pocăim cu adevărat și să primim mântuirea. Mesajul despre iad este o modalitate de a-și arăta dragostea pentru noi. De asemenea, trebuie să înțelegem de ce Dumnezeu a trebuit să pregătească iadul ca să-I înțelegem inima mai bine și să ducem vestea bună la cât mai mulți oameni ca să fie scăpați de pedeapsa veșnică.

2. De ce a trebuit ca Dumnezeul dragostei să pregătească iadul?

În Geneza 2:7 citim: *"Domnul Dumnezeu a făcut pe om din țărâna pământului, i-a suflat în nări suflare de viață, și omul s-a făcut astfel un suflet viu."*

În 1983, primul an după ce s-au deschis ușile bisericii mele, Dumnezeu mi-a dat o viziune în care era prezentată crearea lui Adam. Dumnezeu îl modela bucuros pe Adam din țărână cu atenție și dragoste, ca un copil care se joacă cu păpușa sau jucăria preferată. După ce l-a modelat cu gingășie pe Adam, Dumnezeu i-a suflat în nări suflare de viață. Datorită faptului că am primit suflare de viață de la Dumnezeu, care este Duh, sufletul și duhul nostru sunt veșnice. Carnea, făcută din țărână, va pieri și se va transforma în țărână, dar duhul și sufletul nostru rămân pentru totdeauna.

Din acest motiv, Dumnezeu a trebuit să pregătească locuri în care să poată sta aceste duhuri nemuritoare, și, prin urmare, a făcut Cerul și iadul. După cum vedem în 2 Petru 2:9-10, oamenii care se tem de Dumnezeu vor fi mântuiți și vor merge în Cer, iar cei nelegiuiți vor fi pedepsiți în iad.

Înseamnă că Domnul știe să izbăvească din încercare pe oamenii cucernici, și să păstreze pe cei nelegiuiți, ca să fie pedepsiți în ziua judecății: mai ales pe cei ce, în pofta lor necurată, umblă poftind trupul altuia, și disprețuiesc stăpânirea.

Pe de-o parte, copiii lui Dumnezeu vor trăi sub domnia Lui

eternă în Cer, unde este întotdeauna bucurie și fericire. Pe de altă parte, iadul este un loc pentru cei care nu au acceptat dragostea lui Dumnezeu, ci I-au fost necredincioși și au devenit sclavi ai păcatului. Aceștia vor primi pedepse dure în iad. De ce a trebuit atunci ca Dumnezeul dragostei să pregătească iadul?

Dumnezeu desparte grâul de pleavă

După cum fermierul seamănă semințe și le cultivă, tot astfel Dumnezeu cultivă ființele umane în această lume pentru a avea copii adevărați. Când vine timpul recoltei, El desparte grâul de pleavă și trimite grâul în Cer, iar pleava în iad.

Acela Își are lopata în mână, Își va curăți cu desăvârșire aria, și Își va strânge grâul în grânar; dar pleava o va arde într-un foc care nu se stinge (Matei 3:12).

Aici, „grâul" simbolizează pe cei care îl primesc pe Isus Cristos, încearcă să recâștige chipul lui Dumnezeu în ei și trăiesc după Cuvântul lui Dumnezeu. „Pleava" reprezintă pe cei care nu-l primesc pe Isus Cristos ca mântuitor, ci iubesc lumea și urmează răul.

După cum fermierul strange grâul în grânar și arde pleava sau o folosește ca îngrășământ, tot astfel Dumnezeu aduce grâul în Cer și aruncă pleava în iad.

El vrea ca noi să știm despre existența mormântului de jos și a iadului. Lava care se găsește sub scoarța terestră și focul slujesc ca avertisment despre pedeapsa eternă din iad. Dacă nu ar exista foc sau pucioasă pe pământ cum ne-am putea imagina scenele de groază din mormântul de jos sau din iad? Dumnezeu a creat aceste lucruri pentru că sunt necesare pentru cultivarea ființelor umane.

Motivul pentru care „pleava" este aruncată în focul iadului

Unii poate se întreabă: „De ce a trebuit ca Dumnezeu să creeze iadul? De ce nu a putut lăsa şi pleava să intre în Cer?"

Frumusețea Cerului depăşeşte orice imaginație şi nu poate fi descris în cuvinte. Dumnezeu, stăpânul Cerului, este sfânt, neprihănit şi desăvârşit, prin urmare doar cei care fac voia Sa sunt lăsați să intre în Cer (Matei 7:21). Dacă oamenii nelegiuiți ar fi lăsați să intre în Cer împreună cu cei plini de dragoste şi bunătate, viața din Cer ar fi grea şi dificilă, iar Cerul ar fi contaminat. De aceea, Dumnezeu a trebuit să pregătească iadul pentru a despărți grâul din Cer de pleava din iad.

Fără iad, neprihăniții şi nelegiuiții ar trebui să trăiască împreună. Dacă astfel ar sta lucrurile, Cerul ar deveni un Cer al întunericului, plin de țipete şi strigăte de agonie. Însă, scopul cultivării umane nu este de a crea un astfel de loc. Cerul este un loc fără lacrimi, fără dureri, boli sau suferințe în care Dumnezeu să poată împărtăşi din plin dragostea cu copiii Săi pentru totdeauna. Prin urmare, iadul este necesar pentru a închide pe cei nelegiuiți şi pe oamenii de nimic – adică pleava.

În Romani 6:16 citim: „*Nu ştiți că, dacă vă dați robi cuiva, ca să-l ascultați, sunteți robii aceluia de care ascultați, fie că este vorba de păcat, care duce la moarte, fie că este vorba de ascultare, care duce la neprihănire?"* Chiar dacă nu sunt conştienţi de acest lucru, cei care trăiesc în neascultare de Cuvântul lui Dumnezeu sunt sclavi ai păcatului, ai duşmanului Satan şi ai diavolului. Pe acest pământ sunt sub controlul duşmanului Satan şi al diavolul; iar după moarte vor fi daţi pe mâinile duhurilor rele din iad şi vor primi tot felul de pedepse.

Dumnezeu răsplăteşte pe fiecare în funcţie de faptele sale

Dumnezeul nostru nu este doar un Dumnezeu al dragostei, al milei şi al bunătăţii dar şi un Dumnezeu care răsplăteşte fiecăruia după fapte. În Galateni 6:7-8 găsim scris:

Nu vă înşelaţi: „Dumnezeu nu Se lasă să fie batjocorit." Ce seamănă omul, aceea va şi secera. Cine seamănă în firea lui pământească, va secera din firea pământească putrezirea; dar cine seamănă în Duhul, va secera din Duhul viaţa veşnică.

Pe de-o parte, când semănaţi rugăciuni şi laude, veţi primi putere cerească ca să trăiţi după Cuvântul lui Dumnezeu, iar duhul şi sufletul vostru vor fi binecuvântate. Când semănaţi prin slujire plină de credincioşie toată fiinţa voastră – duhul, spiritul şi trupul – vostru va fi întărită. Când semănaţi bani prin daruri şi zeciuieli veţi fi binecuvântaţi financiar din abundenţă ca să puteţi semăna şi mai mult pentru Împărăţia lui Dumnezeu şi pentru neprihănire. Pe de altă parte, când semănaţi rău, veţi primi înapoi aceaşi măsură de rău. Chiar dacă sunteţi credincioşi, când semănați păcate și nelegiuire, veți avea parte de încercări. Prin urmare, sper ca să înțelegeți și să învățați acest principiu cu ajutorul Duhului Sfânt, ca să puteți primi viața veșnică.

În Ioan 5:28-29 Isus ne spune: *„Nu vă mirați de lucrul acesta; pentru că vine ceasul când toți cei din morminte vor auzi glasul Lui, și vor ieși afară din ele. Cei ce au făcut binele, vor învia pentru viață; iar cei ce au făcut răul, vor învia pentru judecată,"* iar în Matei 16:27 El ne face o promisiune: *„Căci Fiul omului are să vină în slava Tatălui Său, cu îngerii Săi; și atunci va răsplăti fiecăruia după faptele lui."*

La judecată, Dumnezeu va da, cu deosebită justețe, răsplăți și pedepse adecvate tuturor oamenilor în funcție de ceea ce au făcut. Alegerea de a merge în Cer sau iad nu este a lui Dumnezeu, ci depinde de fiecare om, care își poate exercita voința liberă, și toți oamenii vor culege ce au semănat.

3. Dumnezeu dorește ca toți oamenii să fie mântuiți

Dumnezeu consideră pe fiecare om creat după chipul și asemănarea Sa mai important decât întreg universul. Astfel, Dumnezeu dorește ca toți oamenii să creadă în Isus Cristos și să primească mântuirea.

Dumnezeu se bucură nespus când un păcătos se pocăiește

Cu aceeași inimă ca a păstorului care caută o oaie pierdută pe drumurile accidentate, deși mai are încă nouăzeci și nouă de oi (Luca 15:4-7), Dumnezeu se bucură nespus pentru un singur păcătos care se pocăiește decât pentru nouăzeci și nouă de credincioși care nu trebuie să se pocăiască.

În Psalmul 103:12-13, psalmistul scrie: *„cît este de departe răsăritul de apus, atît de mult depărtează El fărădelegile noastre dela noi. Cum se îndură un tată de copiii lui, așa Se îndură domnul de ceice se tem de El."* De asemenea, în Isaia 1:18 Dumnezeu ne promite: *„Veniți totuși să ne judecăm, zice Domnul. De vor fi păcatele voastre cum e cârmâzul, se vor face albe ca zăpada; de vor fi roșii ca purpura, se vor face ca lâna."*

Dumnezeu este lumina însăși și în El nu este întuneric. De asemenea, El este bunătatea însăși, care urăște păcatul, dar când un păcătos vine înaintea Lui și se pocăiește, Dumnezeu nu-și mai aduce aminte de păcatul lui. În schimb, Dumnezeu îl primește și îl binecuvântează cu iertarea Sa nemărginită și dragostea Sa caldă.

Dacă înțelegeți măcar puțin din dragostea minunată a lui Dumnezeu, trebuie să vă purtați cu fiecare om cu o dragoste neprefăcută. De asemenea, trebuie să aveți compasiune pentru cei care se îndreaptă spre focul iadului, să vă rugați cu stăruință pentru ei, să le spuneți Vestea Bună și să-i vizitați pe cei care au credință slabă ca să-i întăriți și astfel să poată rămâne neclintiți.

Dacă nu vă pocăiți

În 1 Timotei 2:4 vedem că *„[Dumnezeu] voiește ca toți oamenii să fie mântuiți și să vină la cunoștința adevărului."* Dumnezeu dorește nespus de mult ca toți oamenii să Îl cunoască, să fie mântuiți și să meargă acolo unde este și El. Dorește foarte mult ca măcar încă o persoană să fie mântuită și așteaptă ca oamenii care se află în întuneric să se întoarcă la El.

Cu toate acestea, deși Dumnezeu a dat oamenilor nenumărate oportunități să se pocăiască și și-a dat singurul Fiu să moară pe cruce, dacă nu se pocăiesc și mor nu au de ales. Conform legii spirituale vor culege ce au semănat și își vor primi răsplata după ceea ce au făcut, iar în final vor fi aruncați în iad.

Sper să cunoașteți dragostea măreață și dreptatea lui Dumnezeu ca să Îl primiți pe Isus și să fiți iertați. Mai mult, să vă purtați și să trăiți după voia lui Dumnezeu ca să străluciți ca soarele în Cer.

4. Vestiți Evanghelia cu îndrăzneală

Cei care cunosc și cred cu adevărat în existența Cerului și iadului nu pot decât să vestească Evanghelia și altora, pentru că știu bine inima lui Dumnezeu care dorește ca toți oamenii să fie mântuiți.

Fără oameni care se vestească Evanghelia

Romani 10:14-15 ne spune că Dumnezeu laudă pe cei care vestesc Evanghelia:

Dar cum vor chema pe Acela în care n-au crezut? Și cum vor crede în Acela, despre care n-au auzit? Și

Iadul

cum vor auzi despre El fără propovăduitor? Și cum vor propovădui, dacă nu sunt trimiși? După cum este scris:, Cât de frumoase sunt picioarele celor ce vestesc pacea, ale celor ce vestesc Evanghelia!'

În 2 Împărați 5 citim despre Naaman, comandantul armatei regelui Aram. Naaman a fost considerat un om nobil și important de către regele lui pentru că și-a slujit țara în nenumărate rânduri. El a câștigat renume și bogății și nu ducea lipsă de nimic. Cu toate acestea, Naaman avea lepră. În acele vremuri, lepra era o boală incurabilă și era considerată un blestem ceresc, prin urmare vitejia și bogățiile lui nu-i erau de folos. Nici măcar împăratul nu-l putea ajuta.

Vă puteți imagina ce trebuie să fi simțit Naaman când își privea trupul, odată sănătos, cum putrezește și se descompune pe zi ce trece? Mai mult, chiar și cei din familia lui nu se apropiau de el, de teamă să nu fie și ei afectați de această boală. Cât de neputincios și de neajutorat trebuie să se fi simțit Naaman?

Cu toate acestea, Dumnezeu a avut un plan bun pentru Naaman, un comandat dintre neamuri. El avea o roabă luată din Israel care o slujea pe soția lui.

Naaman este vindecat după ce ascultă de roaba lui

Această roabă, deși era doar o fetiță, știa cum să resolve problema lui Naaman. Fetița avea credință că Elisei, un profet din Samaria, putea vindeca boala stăpânului ei. Ea i-a spus acestuia despre puterea lui Dumnezeu care se manifesta prin

Elisei. Nu a tăcut în special cu privire la ceva în care avea multă credință. După ce a auzit această veste, Naaman a pregătit daruri cu o inimă sinceră și s-a dus să-l vadă pe profet.

Ce credeți că s-a întâmplat cu Naaman? El a fost vindecat complet prin puterea lui Dumnezeu care era cu Elisei. Prin urmare, el a mărturisit: „*Iată, cunosc acum că nu este Dumnezeu pe tot pământul, decât în Israel. Și acum, primește, rogu-te, un dar din partea robului tău*" (2 Împărați 5:15). Naaman a fost vindecat nu doar de boala lui, ci a primit vindecare și în duhul lui.

Isus vorbește de el în Luca 4:27 „*Și mulți leproși erau în Israel, pe vremea proorocului Elisei; și totuși nici unul din ei n-a fost curățit, afară de Naaman, Sirianul.*" Oare de ce doar Naaman, un om dintre neamuri, a putut fi vindecat deși erau mulți leproși în Israel? Pentru că era avea o inimă atât de bună și smerită încât să asculte de sfaturile altor oameni. Deși Naaman nu era evreu Dumnezeu a pregătit o cale pentru mântuirea lui pentru că era un om bun, un general credincios regelui său și un slujitor care își iubea oamenii atât de mult încât era gata să-și dea viața pentru ei.

Cu toate acestea, dacă roaba lui nu i-ar fi adus vestea bună despre puterea lui Elisei, el ar fi putut muri fără să fie vindecat, cu atât mai puțin să fi primit mântuirea. Viața acestui luptător nobil și merituos a depins de buzele unei fetițe.

Vestiți Evanghelia cu îndrăzneală

La fel ca și în cazul lui Naaman, mulți oameni din lume

așteaptă ca să vă deschideți gura. Chiar și în viața asta suferă datorită dificultăților de care se lovesc și se îndreaptă spre iad pe zi ce trece. Nu ar fi trist dacă vor fi torturați în veșnicie după ce au avut parte de o viață atât de grea pe pământ? Prin urmare, copiii lui Dumnezeu trebuie să vestească Evanghelia cu îndrăzneală unor astfel de oameni.

Dumnezeu se bucură nespus de mult când, prin puterea Domnului, oamenii care urmau să moară primesc viață și oamenii care sufereau sunt eliberați. El va face să le meargă bine și le va da sănătate spunându-le: „Tu ești copilul meu care mă înviorează." Mai mult, Dumnezeu îi va ajuta să aibă o credință mare ca să poată intra în Noul Ierusalim, unde se află tronul lui Dumnezeu. Pe lângă aceasta, oamenii care au auzit Vestea Bună și L-au primit pe Isus prin voi nu vor fi ei plini de recunoștință pentru ce ați făcut pentru ei?

Dacă oamenii nu au credință suficientă în timpul acestei vieți pentru a fi mântuiți, nu vor mai primi o „a doua șansă" odată ce ajung în iad. În mijlocul suferinței și al agoniei pot doar să regrete și să plângă pentru totdeauna.

Ca voi să puteți auzi Evanghelia și să-L puteți primi pe Domnul, au fost necesare dăruirea și sacrificiul extraordinar al înaintașilor voștri în credință, care au fost uciși cu sabia, au fost aruncați la fiare sălbatice sau au devenit martiri pentru că au proclamat Vestea Bună.

Ce ar trebui să faceți acum când știți că ați fost salvați de la iad? Trebuie să faceți tot ce vă stă în putință să trimiteți în brațele Domnului cât multe suflete care se îndreaptă spre iad. În 1 Corinteni 9:16, apostolul Pavel mărturisește cu o inimă plină de zel: *"Dacă vestesc Evanghelia, nu este pentru mine o pricină de laudă, căci trebuie s-o vestesc; și vai de mine, dacă nu vestesc Evanghelia!"*

Sper ca să mergeți în lume cu o inimă plină de zel pentru Domnul și să mântuiți multe suflete de la pedeapsa veșnică a iadului.

Prin această carte, ați ajuns să cunoașteți despre acest loc etern, groaznic și de nedorit numit iad. Mă rog să simțiți dragostea lui Dumnezeu, care nu dorește să piardă nici măcar un om, să vegheați în viața voastră de credință și să duceți Evanghelia la oricine are nevoie să o audă.

În ochii lui Dumnezeu sunteți mai de preț decât lumea întreagă și mai valoroși decât orice din univers, pentru că sunteți creați după chipul și asemănarea Lui. Prin urmare, să nu deveniți robi ai păcatului care se împotrivește lui Dumnezeu și astfel să ajungeți în iad, ci să deveniți copii adevărați ai lui Dumnezeu care umblă în lumină, se poartă și trăiesc după adevăr.

Cu aceeași încântare cu care l-a creat pe Adam, Dumnezeu veghează asupra voastră și azi. El dorește să ajungeți să aveți o inimă adevărată, să vă maturizați în credință și să ajungeți la măsura plinătății lui Cristos.

În numele Domnului, mă rog să-L acceptați îndată pe Isus Cristos și să primiți binecuvântări și autoritate ca și copil prețios de Dumnezeu, ca astfel să puteți fi sare și lumină în lume și să aduceți nenumărați oameni la mântuire!

Autorul:
Dr. Jaerock Lee

Dr. Jaerock Lee s-a născut în anul 1943 în Muan, provincia Jeonnam din Republica Coreea. În jurul vârstei de douăzeci de ani, s-a înbolnăvit de nenumărate boli incurabile din cauza cărora a suferit timp de şapte ani şi îşi aştepta moartea fără vreo speranţă de vindecare. Însă, într-o zi din primăvara anului 1974, condus fiind de sora sa la o biserică în care a îngenunchiat să se roage, Dumnezeul cel Viu l-a vindecat pe loc de toate bolile.

Din momentul în care dr. Lee L-a întâlnit pe Dumnezeul cel Viu prin acea experienţă minunată, L a iubit din toată inima şi cu toată sinceritatea, iar în anul 1978 a fost chemat să fie un slujitor al lui Dumnezeu. S-a rugat stăruitor cu post să înţeleagă voia lui Dumnezeu cu claritate, să o împlinească pe deplin şi să asculte de Cuvântul lui Dumnezeu. În anul 1982, a fondat Biserica Centrală Manmin în Seul, Coreea de Sud, biserică în care au avut loc nenumărate lucrări ale lui Dumnezeu, inclusiv vindecări miraculoase şi minuni.

În 1986, dr. Lee a fost ordinat ca pastor în cadrul întâlnirii anuale a bisericii „Jesus' Sungkyul Church of Korea", iar patru ani mai târziu, în 1990, predicile sale au început să fie transmise în Australia, Rusia, Filipine. În scurt timp au fost transmise în mult mai multe ţări prin intermediul Far East Broadcasting Company, Asia Broadcast Station şi Washington Christian Radio System.

Trei ani mai târziu, în 1993, Biserica Centrală Manmin a fost selecţionată printre „Primele 50 de biserici din lume" de către revista *Christian World* din S.U.A., iar pastorul Jaerock Lee a primit din partea colegiului Christian Faith College, Florida, S.U.A. titlul de doctor onorific în teologie. În 1996 a terminat doctoratul în domeniul slujirii creştine la Kingsway Theological Seminary, statul Iowa, din S.U.A.

Începând din anul 1993, dr. Lee a preluat un loc de conducere în misiunea mondială prin nenumărate campanii de evanghelizare ţinute peste hotare, în Tanzania, Argentina, în S.U.A în oraşele: Los Angeles, Baltimore, New York, în statul Hawaii, în Uganda, Japonia, Pakistan, Kenya, Filipine, Honduras, India, Rusia, Germania, Peru, Republica Democrată Congo, Israel şi Estonia.

În 2002 a fost numit un „pastor internațional" de către publicații creștine foarte cunoscute din Coreea pentru lucrarea sa din însemnate campanii unite de evanghelizare internaționale. Campania New York 2006, care s-a ținut în cea mai faimoasă arenă, Madison Square Garden, a fost transmisă în 220 de țări, iar în Campania Unită Israel 2009, care s-a ținut în Convention Center din Ierusalim, a proclamat cu îndrăzneală că Isus Cristos este Mesia și Mântuitorul. Predicile sale sunt transmise în 176 de țări prin satelit, inclusiv prin GCN și a fost numit printre primii 10 lideri creștini însemnați în 2009 și 2010 de revista rusească *In Victory* și de agenția *Christian Telegraph* pentru emisiunile sale televizate și lucrarea de păstorire internațională.

În ianuarie 2017, numărul membrilor Bisericii Centrale Manim era de peste 120.000. Biserica are 10.000 de filiale în lume, care includ cele 56 de filiale din țară. Până în prezent, peste 102 de misionari au fost trimiși în 23 de țări, inclusiv S.U.A, Rusia, Germania, Canada, Japonia, China, Franța, India, Kenya și în multe alte țări.

Până la data publicării acestei cărți, dr. Lee a scris 106 de cărți, inclusiv cărțile de mare succes *Gustând Viața Înainte de Moarte, Viața Mea, Credința Mea I și II, Mesajul Crucii, Măsura Credinței, Cerul I și II, Iadul* și *Puterea lui Dumnezeu*. Scrierile sale au fost traduse în peste 75 de limbi.

Articolele sale creștine apar în publicațiile *Hankook Ilbo, JoongAng Daily, Chosun Ilbo, Dong-A Ilbo, Hankyoreh Shinmun, Seoul Shinmun, Kyunghyang Shinmun, Hankyoreh Shinmun, Korea Economic Daily, Korea Herald, Shisa News* și *Christian Press*.

Dr. Lee deține în prezent funcții de conducere în cadrul mai multor organizații și asociații misionare printre care: președintele consiliului bisericii United Holiness Church of Jesus Christ, președinte permanent al asociației World Christianity Revival Mission Association, fondatorul și președintele consiliului de conducere al rețelei Global Christian Network (GCN), fondatorul și președintele consiliului director al rețelei World Christian Doctors Network (WCDN) și al Seminarului Internațional Manmin (Manmin International Seminary -MIS).

Alte cărți de același autor

Cerul II

O invitație în orașul sfânt Noul Ierusalim, ale cărui doisprezece porți sunt făcute din perle sclipitoare care se află în mijlocul unui cer imens și strălucesc cu splendoare ca niște nestemate prețioase.

Mesajul Crucii

Un mesaj răsunător de trezire spirituală pentru toți cei adormiți spiritual! În această carte este prezentat motivul pentru care Isus este singurul mântuitor și expresia dragostei adevărate a lui Dumnezeu.

Gustând Viața Veșnică Înainte de Moarte

O autobiografie a dr. Jaerock Lee, care a fost născut din nou și mântuit din valea umbrei morții și care duce o viață exemplară de creștin.

Duh, Suflet și Trup I & II

Un ghid care ne oferă o înțelegere spirituală asupra duhului, sufletului și trupului și ne ajută să vedem ce fel de „eu" avem ca să putem primi putere să învingem întunericul și să devenim oameni ai duhului.

Măsura Credinței

Ce fel de locaș, cunună și răsplată vă sunt pregătite în cer? Această carte vă oferă călăuzire și înțelepciune pentru a determina unde vă este nivelul de credință și pentru a cultiva o credință de cel mai înalt grad de maturitate.

Trezește-te Israel

De ce și-a ațintit Dumnezeu ochii asupra lui Israel de la începutul lumii până acum? Care este voia lui Dumnezeu cu privire la Israel, care îl așteaptă pe Mesia, în zilele din urmă?

Viața Mea, Ccredința Mea I & II

Oferă cititorilor săi cea mai înmiresmată aromă spirituală a unei vieți care a înflorit cu o dragoste fără egal pentru Dumnezeu, în mijlocul valurilor întunecate ale vieții, a jugului rece și în culmea disperării.

Puterea lui Dumnezeu

O carte indispensabilă care slujește ca un ghid esențial, cu ajutorul căruia se poate ajunge la o credință adevărată și se poate experimenta puterea extraordinară a lui Dumnezeu.

www.urimbooks.com

www.ingramcontent.com/pod-product-compliance
Lightning Source LLC
LaVergne TN
LVHW010312070526
838199LV00065B/5534